GU KOMPASS

Andreas Kobschätzky

Die perfekte Hochzeitsrede

- Persönliche Worte finden
- Von romantisch bis humorvoll

Der Autor

Andreas Kobschätzky war viele Jahre als Buchredakteur in verschiedenen Ratgeber-Verlagen tätig, bevor er sich mit einem eigenen Redaktionsbüro selbstständig machte. Sein Arbeitsschwerpunkt liegt im Lektorat und in der Konzeption von Ratgebern und Sachbüchern. Im Gräfe und Unzer Verlag erschien von ihm bereits der Kompass „Zitate".

→ Check-in

Sie möchten auf Ihre Fragen kurze, prägnante und vor allem verlässliche Antworten erhalten. Dieser GU-Kompass bietet Ihnen schnelle Hilfe in allen Situationen, die kein langes Zaudern und Zögern gestatten. Ob unterwegs in der Jackentasche oder griffbereit zu Hause oder am Arbeitsplatz: Jeder Titel dieser Reihe informiert Sie übersichtlich, aktuell, kompetent und lösungsorientiert.

- Jeder Sachverhalt wird auf einer Doppelseite geklärt. Suchen Sie Ihre Fragestellung, Ihr Stichwort, Ihr Problem im Inhaltsverzeichnis, und steigen Sie einfach ein.
- Falls Sie nur das Allernotwendigste nachschlagen möchten, halten Sie sich an das im Inhaltsverzeichnis optisch hervorgehobene „Last-Minute-Programm". Es zeigt Ihnen, worauf Sie keinesfalls verzichten sollten.
- Nutzen Sie den Service-Teil mit seinen ergänzenden Dokumenten sowie weiterführenden Hinweisen zu Büchern und Adressen, um bestimmte Aspekte zu vertiefen.

Mit der Einladung auf eine Hochzeit ist nicht selten ein „Auftritt" als Redner verbunden. Das ist eine Situation, die schon für Lampenfieber sorgen kann – vor allem wenn Sie im Alltag eher selten vor einer größeren Anzahl Menschen sprechen. In diesem Kompass finden Sie wertvolle Anregungen, Informationen und Ideen rund um die Hochzeitsrede. Sie erfahren, wie Sie eine Rede am besten strukturieren und wie Sie sich gut auf Ihren Vortrag vorbereiten. Sie finden hilfreiche Tipps, welche Inhalte Ihre Rede haben kann – Zitate und Gedichte ebenso wie mögliche Themen. So wird Ihr Vortrag allen positiv in Erinnerung bleiben!

Inhalt

→ Last-Minute-Programm

Die wichtigsten Punkte im Überblick!

Die farblich und durch Pfeile → gekennzeichneten Abschnitte bilden das Last-Minute-Programm. Halten Sie sich daran, wenn Sie sich auf das Notwendigste beschränken möchten.

Kleine Rednerschule

Zitate und Sprichwörter

Anregungen aus Kultur und Geschichte

Eindrucksvolles und Erstaunliches

Service

1. Anfangen leicht gemacht

Eine Hochzeitsrede ist ein sehr persönlicher Weg, dem Brautpaar Glück für den gemeinsamen Lebensweg zu wünschen. Und mit etwas Vorbereitung kann nichts schiefgehen Also: Nur Mut – auch wenn der „große Auftritt" für Sie noch ungewohnt ist.

Die Vorbereitung – das A und O

Die Einladung zu einer Hochzeit erhalten Sie in der Regel schon zwei bis drei Monate vor dem Fest. So haben Sie ausreichend Zeit, Ihre Rede vorzubereiten und zu üben. Stellen Sie sich zuerst die folgenden Fragen:

- Wer ist mein Publikum? Je kleiner der Kreis der Zuhörer ist und je besser diese sich untereinander kennen, desto lockerer und spezieller darf Ihre Rede sein. Achten Sie jedoch immer darauf, dass Ihre Rede allgemein verständlich ist – sowohl im Hinblick auf das unterschiedliche Alter der Anwesenden, als auch auf Erfahrungen und Kenntnisse.
- Wo findet die Feier statt? Das ist wichtig, damit Sie sich auf die äußeren Gegebenheiten einstellen können: Wird im Freien oder in einem Saal gefeiert? Halten Sie die Rede an Ihrem Platz stehend oder treten Sie vor die Hochzeitsgesellschaft? All das sind Aspekte, die Sie in die Vorbereitung schon mit einbeziehen können.
- Was ist meine Rolle und was wird von mir erwartet? Traditionell ergreift der Vater der Braut – oder auch die Brautmutter – zuerst das Wort. Ihm oder ihr schließt sich der Vater oder die Mutter des Bräutigams an. Danach folgen Trauzeugen oder gute Freunde. Je nachdem, in welcher Beziehung Sie zum Brautpaar stehen, knüpfen sich andere Er-

wartungen an Ihren Vortrag: Vom Brautvater erwartet man zum Beispiel sehr einfühlsame, persönliche Worte, während ein guter Freund auch eine launige Stimmungsrede halten darf.

Die Ideensammlung sortieren

Die wichtigste Frage ist natürlich: Was wollen Sie sagen? Möchten Sie einige persönliche oder allgemeine Gedanken zum Thema Liebe, Ehe und Glück zum Besten geben? Kennen Sie das Brautpaar gut, bieten sich die Kennenlern-Geschichte oder gemeinsame Erinnerungen an. Oder Sie thematisieren den Ausblick auf die gemeinsame Zukunft des Paares. Auch das bisherige Leben der Brautleute kann ein Leitgedanke sein. Achtung: Vertrauliches oder gar Peinliches darf natürlich auf keinen Fall dabei sein!
Haben Sie schließlich Ihr Thema gefunden, nutzen Sie die Ideen aus diesem Buch! Recherchieren Sie außerdem in Zeitungen, Zeitschriften und dem Internet. Sprechen Sie mit Verwandten, Bekannten und Freunden: Kennt jemand eine Anekdote? Was plant das Paar für die Zukunft? Hat es ein gemeinsames Lieblingslied? Halten Sie alle Details sowie Formulierungen, die Ihnen besonders gut gefallen, schriftlich fest. Dann wählen Sie die Aspekte aus, die Ihnen am wichtigsten erscheinen und bringen sie in eine ansprechende Reihenfolge. Und schon haben Sie das Grundgerüst Ihrer Rede.

Tipp

Ihre Rede sollte dem Anlass angemessen, aber nicht zu förmlich sein. Es geht darum, Ihren persönlichen Gefühlen Ausdruck zu verleihen. Je authentischer (→ 3. Das Herzstück Ihrer Rede) Sie das tun, desto größer ist die Freude beim Brautpaar. Ihre Rede sollte aber nicht länger als 5 Minuten dauern.

2. Start in die Rede: die Einleitung

Eine Rede gliedert sich in drei Teile: die Einleitung, den Hauptteil und den Schluss. Am Anfang der Rede geht es vor allem darum, Kontakt mit den Zuhörern herzustellen und alle auf das Thema einzustimmen.

Die Begrüßung – hallo und willkommen

Handelt es sich um eine Feier in großem Stil und entsprechendem Rahmen, ist eine formelle Begrüßung nicht nur angebracht, sondern sogar Pflicht. Sie könnte in etwa so lauten: „Sehr geehrte Frau Bürgermeisterin, sehr geehrter Herr Pfarrer, liebe Verwandte, Freunde und natürlich: liebes Brautpaar …“ – wobei dies nur auf den ersten Redner zutrifft, alle nachfolgenden können sich an dieser Stelle deutlich kürzer fassen.

Bei einer informellen Feier im Kreis von Familie und Freunden können (und sollten) Sie auf eine ausführliche Begrüßung verzichten. Es genügt, wenn Sie das Brautpaar und gegebenenfalls die Gäste insgesamt begrüßen, wobei Sie die Braut stets als Erste nennen, auch wenn Sie dem Bräutigam möglicherweise näher stehen. Denkbare Varianten sind:

- Liebe Sandra, lieber Markus …
- Liebes Brautpaar, liebe Hochzeitsgäste …
- Liebe Sandra, lieber Markus, liebe Verwandte und Freunde, verehrte Gäste …

Je nach Verwandtschaftsverhältnis sind auch folgende Begrüßungen denkbar:

- Liebe Schwester, lieber Markus, liebe alte und neue Verwandte und Freunde …
- Liebe Sandra, lieber Bruder, sehr verehrte Gäste …

Die Einleitung: Machen Sie Ihre Zuhörer neugierig

Nach der Begrüßung folgt nun die eigentliche Einleitung, die auf das Thema Ihrer Rede hinführt. Sie erregt im Idealfall die Aufmerksamkeit Ihrer Zuhörer und weckt Neugier. Halten Sie die Einleitung eher kurz, und vermeiden Sie Sätze wie „Als stolzer Vater der Braut möchte ich nun einige Worte sagen …“, „Man hat mich gebeten, hier eine Rede zu halten …“ oder „Auch ich möchte an dieser Stelle meinen Betrag leisten und etwas sagen …“. Das klingt, als würden Sie lediglich eine Pflicht erfüllen.

Beginnen Sie stattdessen lieber mit einer – vielleicht auch etwas provokanten – These oder einer Frage zur Liebe und der Beziehung zwischen Mann und Frau. Ein geeigneter Auftakt kann auch eine Anekdote aus dem Leben des Brautpaares oder zur ersten Begegnung der beiden sein. Ein Zitat kann ebenfalls hervorragend passen. Das sollten Sie aber unbedingt später im Hauptteil Ihrer Rede mit Blick auf das Brautpaar näher erläutern. Allerdings ist es sehr wichtig, dass Sie ein originelles und treffendes Zitat wählen. Zahlreiche Muster, an denen Sie sich orientieren können, finden Sie übrigens in den Beispiel-Kästen im Abschnitt → Zitate und Sprichwörter.

Tipp

Ist es so weit – der Zeitpunkt, Ihre Rede zu halten, ist gekommen? Dann klopfen Sie bitte nicht hüstelnd mit einem Besteckteil an Ihr Glas! Das mag zwar weit verbreitet sein, zeugt aber nicht von gutem Stil. Besser: Stehen Sie auf, und begeben Sie sich vielleicht an einen zentralen Punkt, von dem aus Sie gut gesehen und gehört werden können. Stellen Sie sich in offener, aufrechter Körperhaltung hin und sehen Sie die Gäste an. Dann beginnen Sie.

3. Das Herzstück Ihrer Rede

Greifen Sie nun das Thema aus Ihrer Einleitung wieder auf. Auch Ihre eigenen Gefühle sollten an dieser Stelle nicht zu kurz kommen – natürlich ohne dass Sie dabei sentimental oder indiskret werden.

Persönlich oder allgemein?

Wie bereits angedeutet (→ 1. Anfangen leicht gemacht), können Sie Ihre Rede entweder sehr persönlich gestalten oder eher allgemein. Falls Sie sich für die allgemeinere Variante entscheiden, führen Sie jetzt im Hauptteil Ihre Gedanken zu dem von Ihnen gewählten Thema aus (Liebe, Ehe, Glück ...). Versuchen Sie dabei immer wieder einen Bezug zum Brautpaar herzustellen. Das gelingt relativ einfach mit Sätzen wie „Genau wie bei euch, liebe Sandra, lieber Markus ...", „Was bei euch, liebe Sandra, lieber Markus, sicher nicht der Fall sein wird ..." oder „Das werdet ihr, liebe Sandra, liebe Markus, bestimmt auch schnell feststellen ...".
Bei der persönlichen Variante sind mehrere Versionen denkbar: Sie gehen auf Ihre Beziehung zum Brautpaar ein, berichten aus der gemeinsamen Vergangenheit mit dem Bräutigam oder der Braut beziehungsweise von gemeinsamen Erlebnissen, schildern das Kennenlernen der beiden aus Ihrer Sicht – eventuell ergänzt mit einer netten Anekdote –, oder Sie gehen auf einige (natürlich liebenswerte) Charakterzüge und Eigenheiten näher ein, zum Beispiel: „Und so hat die tanzbegeisterte Sandra in ihrem Tanzlehrer Markus in jeder Hinsicht den idealen Partner gefunden ..." Und an dieser Stelle noch einmal zur Erinnerung: Intimes wie beispielsweise schmerzhafte Erinnerungen oder unangenehme Details aus dem Vorleben eines der Partner haben hier nichts zu suchen!

Wenn Sie Ihre Rede mit einem Zitat, einer Frage oder einer These begonnen haben, sollten Sie diese im Hauptteil noch einmal aufnehmen und erläutern.

Bleiben Sie sich treu

Achten Sie bei Ihrem Vortrag darauf, dass dieser mit Ihren normalen Sprechgewohnheiten übereinstimmt. Viele Menschen glauben, sich vor Publikum besonders gewählt und gebildet ausdrücken zu müssen. Doch lebendig, anrührend und vor allem glaubwürdig wirkt Ihre Rede vor allem dann, wenn Sie zu Ihnen passt. Also, versuchen Sie nicht besonders gelehrt zu klingen, wenn Sie sonst immer geradeheraus und unbeschwert reden. Versuchen Sie auch nicht, um jeden Preis witzig zu sein, wenn Sie ein eher ernster Typ sind.
Berücksichtigen Sie unbedingt auch Ihr Alter und die Rolle, die Ihnen in dieser Situation zukommt. Ein sehr junger Redner, der sich tiefgründige Gedanken über die Liebe und den Wandel der Ehe im Laufe der Jahrhunderte macht, wirkt in der Regel ebenso deplatziert wie ein Brautvater, der eine humorige Stimmungsrede hält, ohne dabei auf seine besondere Verbindung zum Brautpaar einzugehen. Am besten, Sie drücken das, was Sie sagen wollen, mit Ihren eigenen Worten aus.

Tipp

Treten Sie von Anfang an auch durch Blicke mit Ihren Zuhörern in Verbindung, und halten Sie diesen Kontakt. Richten Sie dazu Ihren freundlichen, offenen Blick in ruhigem Wechsel mal auf den einen, mal auf den anderen Gast, ohne Einzelne zu fixieren. Schauen Sie nicht nur Ihnen gut bekannte Zuhörer oder nur Zuhörer in Ihrer unmittelbaren Nähe an: Auch seitlich und weiter hinten sitzende Gäste wollen angesprochen werden. Und sehen Sie vor allem immer wieder zum Brautpaar hin.

4. Der Schluss der Rede

Beschließen Sie Ihre Rede genauso kraftvoll und engagiert, wie Sie sie begonnen haben. Und selbst wenn Sie froh sein sollten, am Ende Ihres Vortrags angelangt zu sein: Lassen Sie es sich nicht anmerken. Denn gerade die letzten Sätze bleiben den Zuhörern in Erinnerung.

Ende gut, alles gut – das gelungene Finale

Das Ende Ihrer Rede sollte ebenso eindeutig erkennbar sein wie der Beginn. Kündigen Sie es aber nicht an, sondern setzen Sie einen klaren Schlusspunkt. Dazu eignet sich besonders ein denkwürdiger Satz, der Ihre Ausführungen zusammenfasst und ein Fazit zieht. Das kann natürlich auch ein „fremder" Satz sein – Zitate bringen ein Thema oft wunderbar auf den Punkt. Vielleicht bietet sich auch ein amüsantes Bonmot an (→ Zitate und Sprichwörter). Denn gemeinsames Lachen ist nicht nur ein gelungener Abschluss, sondern tut der Stimmung insgesamt gut. Schließlich handelt es sich ja um ein Freudenfest!

Fast ebenso beliebt ist die Gratulation, verbunden mit guten Wünschen für die Zukunft. Doch allzu abgedroschen sollten diese nicht ausfallen. Lösen Sie sich von den üblichen Standardphrasen, und überlegen Sie: Was wünschen Sie dem Brautpaar für die Zukunft? Individualität ist auch hier Trumpf! Eine weitere – ebenfalls sehr beliebte – Variante ist der Toast, bei dem die Gäste ihre Gläser erheben und auf das glückliche Paar trinken. Dabei können Sie entweder auf ein Zitat zurückgreifen (→ 40. und 41. Die schönsten Toasts und Trinksprüche) oder selbst einen passenden Spruch oder Reim verfassen.

Damit der Schlusspunkt sitzt

Achten Sie darauf, dass Ihre Rede in sich stimmig ist. Haben Sie sich für eine sehr feierliche Rede entschieden, wirkt ein humoriger, unkonventioneller Schluss ebenso fehl am Platze wie ein übertrieben ernster Schlusspunkt nach einer ansonsten heiteren Stimmungsrede. Das gilt insbesondere für die Gratulation: Je offizieller und förmlicher die Feier, desto konventioneller sollten auch Ihre guten Wünsche am Ende des Vortrags ausfallen.

Gab es bereits einige Vorredner? Und alle beendeten ihre Rede gleich, zum Beispiel mit einem Toast? Oder jemand hat „Ihren" Gedanken, „Ihr" Zitat bereits verwendet? Dann beweisen Sie Flexibilität (ohne diesen Punkt groß zu thematisieren oder über die Pointe, die Ihr Vorredner Ihnen möglicherweise „weggenommen" hat, zu lamentieren). Vielleicht finden Sie ja genügend Zeit und Muße, um von Anfang an zwei mögliche Schlussworte vorzubereiten.

Und: Demonstrieren Sie Selbstbewusstsein. Sie haben viel Zeit und Mühe in diese Rede investiert, sodass es keinen Grund gibt, sich selbst mit Sätzen wie „Das wäre dann alles …" oder „Das wollte ich nur sagen …" klein zu machen. Verzichten Sie auch auf das beliebte „Vielen Dank für Ihre Aufmerksamkeit". Denn schließlich bestand zu keiner Zeit während Ihres Vortrags die Gefahr, dass Ihre Zuhörer einschlafen, oder?

Tipp

In guter Erinnerung bleiben Sie auch, wenn Ihr Rede mit einer Überraschung endet: Vielleicht überreichen Sie dem Paar am Ende ein Geschenk oder haben etwas Spezielles vorbereitet, bei dem die anderen Gäste mit einbezogen worden sind (Beispiele unter → 28. Reden und Geschenke)?

5. Tipps zur Vorbereitung

Eine gute Vorbereitung ist das A und O – wie bei jedem gelungenen Auftritt, so auch bei einer Hochzeitsrede. Nehmen Sie sich daher – gerade als eher ungeübter Redner – ausreichend Zeit dafür. Sie werden sehen, es lohnt sich!

Frei oder vom Blatt?

Egal, ob Sie frei sprechen oder mit Blatt: Formulieren Sie Ihre Rede vorher einmal komplett aus (→ 6. Tipps für die Ausarbeitung). Dabei ist es hilfreich, wenn Sie sich jeden Satz mindestens einmal laut vorsagen, bevor Sie ihn niederschreiben. So spüren Sie sofort, ob er gut klingt, und auch, ob er Ihnen problemlos über die Lippen geht. Dann müssen Sie entscheiden: Trauen Sie sich zu, diesen Text völlig frei, ohne Merkhilfe, vorzutragen? Das macht Eindruck, birgt aber auch das Risiko, mittendrin „hängenzubleiben", und erfordert deshalb ein bisschen Erfahrung.

Wenn Sie nur selten vor Publikum sprechen, sollten Sie sich die wichtigsten Stichworte und Sätze notieren, sodass Sie im Fall des Falles problemlos wieder in Ihre Rede zurückfinden. Am besten verwenden Sie dazu Karteikarten, auf denen Sie ausreichend Platz für Hinweise (→ 7. Tipps für den Vortrag) lassen. Darüber hinaus sollte die von Ihnen gewählte Schrift groß genug und vor allem gut lesbar sein. Auch Zitate sollten Sie vollständig aufschreiben, damit Sie sie nicht falsch oder unvollständig wiedergeben.

Wissen Sie schon jetzt, dass Sie vor lauter Aufregung kaum einen Ton, geschweige denn einen vernünftigen Satz herausbringen werden? Dann ist es sinnvoll, die gesamte Rede vom Blatt abzulesen. Das wirkt zwar nicht ganz so souverän, ist aber in diesem Fall unbedingt die bessere Wahl. Wichtig ist dann allerdings, dass Sie hin und wieder vom Blatt aufsehen und Blickkontakt mit Ihren Zuhörern herstellen – und besonders auf Ihr Sprechtempo achten (→ 7. Tipps für den Vortrag).

Übung macht den (Rede-)Meister

Auch diese Weisheit trifft auf die Vorbereitung einer gelungenen Rede zu. Sie sollten Ihren Text nahezu auswendig können – nicht unbedingt Wort für Wort, aber doch die wichtigsten Stichworte sowie die Sätze, die Ihnen besonders gut gefallen – und vor allem die grundsätzliche Idee und den Aufbau. Haben Sie dieses „Grundgerüst" im Kopf, können Sie sich sicher daran entlanghangeln, auch wenn Sie die eine oder andere Formulierung gerade nicht parat haben.

Bereiten Sie sich auf das Sprechen vor, indem Sie Ihre Rede mehrmals laut lesen. Haben Sie den Text einigermaßen verinnerlicht, proben Sie Ihren Vortrag einige Male. Das ist auch noch einmal eine gute Gelegenheit, verschiedene Formulierungen auszuprobieren. Sind Sie dann mit dem Ergebnis zufrieden, bitten Sie eine Person Ihres Vertrauens um ihre ehrliche Meinung. Nutzen Sie dann die Zeit bis zur Hochzeit, um Ihren Vortrag immer wieder einmal laut zu sprechen.

Tipp

Meist werden die Reden bei einer Hochzeit zwischen Vorspeise und Hauptgericht gehalten. Fragen Sie vorab beim Brautpaar nach, wer wann spricht, und informieren Sie den Service entsprechend, damit nicht ausgerecht in dem Moment, in dem Sie mit Ihrem Vortrag beginnen, das Essen serviert wird. Immer öfter übernimmt aber auch ein guter Freund, eine gute Freundin – oft einer der Trauzeugen – oder ein professioneller Hochzeitsmanager die Rolle des Organisators. Dann stimmen Sie sich mit dieser Person ab.

6. Tipps für die Ausarbeitung

Auch wenn Sie Ihre Rede am Hochzeitstag frei sprechen – schreiben Sie Ihren Text zunächst einmal vollständig auf.

Wortwahl und Satzbau

Gehen Sie nicht nur inhaltlich, sondern auch sprachlich auf Ihre Zuhörer ein: Versuchen Sie stets, sich klar und verständlich auszudrücken. Ersetzen Sie Fremdwörter wenn möglich durch ein deutsches Wort, und formulieren Sie keine Schachtelsätze, sondern möglichst kurz und treffend. Zuhören ist anders als Lesen: Wenn Sie einen Satz nicht auf Anhieb verstehen, können Sie ihn als Leser mehrmals nachlesen. Ihre Zuhörer können das nicht. Bilden Sie also möglichst kurze Sätze, und formulieren Sie aktiv und mit vielen Verben statt Substantiven.

Versuchen Sie dabei stets das treffende Wort zu finden (ein Synonym-Wörterbuch kann hier helfen). Setzen Sie darüber hinaus Adjektive sparsam ein, und vermeiden Sie Übertreibungen – also Worte wie „hervorragend", „überwältigend" oder „sensationell". Auch bei Abkürzungen und Ironie ist Vorsicht geboten. Verwenden Sie diese nur, wenn Sie sicher sind, dass alle Anwesenden sie (richtig) verstehen. Dass Sie keine Kraftausdrücke und politisch unkorrekte Begriffe oder gar Beleidigungen benutzen, versteht sich von selbst.

So geben Sie Ihrer Rede Glanz

Doch nicht nur die geeignete Wortwahl und der richtige Satzbau machen eine gelungene Rede aus, sondern auch die ausdrucksvolle Gestaltung. Aber keine Sorge, Sie müssen dafür weder ein Seminar belegen noch der geborene Dichter sein. Bereits mit wenigen rhetorischen Stilmitteln erreichen Sie, dass Ihre Rede interessant, lebendig und abwechslungsreich wirkt. Hier eine kleine Auswahl:

- Bilder („Und so hat ihn Amors Pfeil mitten ins Herz getroffen"), Beispiele und Vergleiche (eine passende Begebenheit, ein geschichtliches Ereignis, ein passendes Bild aus der Literatur oder einem Film) gehören zu den wichtigsten Stilmitteln. Sie veranschaulichen das, was Sie sagen, und machen es für Ihre Zuhörer nachvollziehbar. Ein schöner Nebeneffekt: Bildhafte Vergleiche sorgen für Abwechslung und lockern Ihre Rede auf.
- Wiederholungen: Dieses Stilmittel bietet sich an, wenn Sie etwas betonen wollen. Sie können dazu das zentrale Wort mehrmals in einem Satz wiederholen („Ich wünsche euch Glück, alles Glück der Welt ..."), Sie können Satz- und Wortanfänge wiederholen („Die Liebe, die Liebe ist eine Himmelsmacht ...") oder aber ganze Sätze. Dann allerdings ist es – mit wenigen Ausnahmen, wie beispielsweise einem Refrain – sinnvoll, das bereits Gesagte so umzuformulieren, dass die Zuhörer sich nicht langweilen.
- Gegensätze: Ein gutes Beispiel dafür ist das bekannte Sprichwort „Vater werden ist nicht schwer, Vater sein dagegen sehr". Gegensätze wirken besonders eindringlich. Benutzen Sie diese entsprechend, um bestimmte Aspekte besonders zu betonen.

Tipp

Beschränken Sie sich auf ein oder zwei Stilmittel, und versuchen Sie einen Spannungsbogen zu schaffen. Beginnen Sie mit einem Auftakt, der neugierig macht und steigern Sie die Spannung bis zum Höhepunkt im Hauptteil. Mit dem Ende sorgen Sie dann für eine Auflösung. Bleiben Sie während der gesamten Rede bei Ihrem Thema. Im Mittelpunkt der Rede sollte stets das Brautpaar stehen.

7. Tipps für den Vortrag

Wussten Sie, dass Ihre Wirkung auf andere Menschen zu mehr als 90 Prozent von Ihrer Körpersprache und Ihrer Stimme abhängt? Grund genug, sich etwas näher mit diesen beiden Punkten zu befassen.

Stimme, Aussprache und Sprechtempo

Lesen Sie Ihre Rede schon vor Ihrem „Auftritt" immer wieder (→ 5. Tipps zur Vorbereitung). Das hilft Ihnen nicht nur, sich den Text besser einzuprägen, sondern vermittelt Ihnen auch ein Gefühl für die richtige Betonung. Sie erkennen zudem, an welchen Stellen eine Pause sinnvoll ist. Machen Sie sich entsprechende Notizen in Ihrem Manuskript oder Ihren Karteikarten. Aber Vorsicht: Zu viele Pausen oder eine übertriebene Betonung schmälern die Wirkung Ihrer Worte ebenso wie das monotone Ablesen ohne Punkt und Komma. Viele Menschen rasen geradezu durch ihre Rede, nur um es möglichst rasch hinter sich zu bringen. Drosseln Sie also Ihr Sprechtempo, vor allem, wenn Sie Ihre Rede vom Blatt ablesen. In der Regel haben Sie das richtige Sprechtempo gefunden, wenn die Rede in Ihren Ohren etwas zu langsam klingt. Artikulieren Sie klar und deutlich. Achten Sie darauf, nicht zu nuscheln, und verschlucken Sie keine Silben. Auch Ihre Lautstärke sollte den akustischen Bedingungen auf der Feier angepasst sein.

Auch der Körper spricht mit

Durch Gestik und Mimik offenbart Ihr Körper unbewusst, was Sie fühlen und denken. Deshalb ist es schwierig, die Körpersprache willentlich zu ändern, ohne gekünstelt zu wirken. Dennoch gibt es einige Punkte, auf die Sie bei Ihrer Rede

achten sollten. Das beginnt mit Ihrer Haltung: Stehen Sie ruhig und aufrecht. Ihre Füße sollten dabei etwa schulterbreit voneinander entfernt sein, wobei die gesamte Fußsohle den Boden berührt. Wenden Sie sich Ihrem Publikum zu. Dadurch verlagert sich Ihr Gewicht minimal nach vorn. So haben Sie einen sicheren Stand und guten Bodenkontakt.
Und dann ist da noch die Sache mit den Händen. Wohin nur damit? Vermeiden Sie es, sich krampfhaft an Ihren Notizen festzukrallen, ständig die Hände zu reiben, sie ineinander zu pressen oder einzelne Finger zu quetschen. Ihre Hände sollen aber auch nicht Ihr Gesicht verdecken, auf Ihre Zuhörer zeigen oder sich in den Hosentaschen verstecken. Halten Sie stattdessen locker Ihr Manuskript, oder legen Sie Ihre Hände entspannt ineinander. Nutzen Sie sie zudem, um wichtige Punkte Ihrer Rede mit natürlichen, nicht zu ausladenden Gesten zu unterstreichen.
Achten Sie auch auf Ihre Mimik. Menschen, die sich stark konzentrieren, haben oft einen angespannten Gesichtsausdruck. Sie auch? Beobachten Sie sich während des Übens einmal selbst im Spiegel, oder fragen Sie eine Person Ihres Vertrauens danach. Dann versuchen Sie, Ihr Gesicht trotz der Konzentration zu entspannen. Und schenken Sie Ihren Zuhörern hin und wieder auch ein Lächeln.

Tipp

Wenn Sie sich während des Übens im Spiegel betrachten, erkennen Sie schnell, wie bestimmte Gesten wirken und ob es Dinge gibt, auf die Sie besonders achten sollten – etwa nervöses Zupfen an Hemd oder Krawatte, häufige Bewegungen aus Verlegenheit und Ähnliches. Und wenn Sie Ihre Sprache auch besser einschätzen möchten, nehmen Sie Ihren Vortrag doch einmal auf. So können Sie Betonung, Pausen, Aussprache und Sprechtempo verbessern.

8. Kleine Pannenhilfe

Ihre Knie sind butterweich, Ihr Mund ist trocken, und Ihr Herz klopft bis zum Hals? Das sind typische Anzeichen von Lampenfieber. Doch keine Panik, die Aufregung lässt sich in den Griff bekommen.

Umgang mit Blackout & Co.

Kennen Sie das? Alle lauschen gebannt Ihren Worten, und plötzlich passiert es – Sie wissen nicht mehr weiter. Jetzt haben Sie zwei Möglichkeiten: Entweder Sie geben Ihren Blackout offen zu, werfen einen kurzen Blick auf Ihre Aufzeichnungen, atmen einmal tief durch und setzen Ihre Rede fort. Oder Sie improvisieren. Letzteres ist allerdings nur ratsam, wenn Ihnen nur ein bestimmtes Wort beziehungsweise die Formulierung, die Sie sich zurechtgelegt hatten, gerade nicht einfällt. Das lässt sich relativ leicht überspielen, indem Sie einfach eine ähnliche Wendung einsetzen. Haben Sie dagegen den roten Faden verloren, sollten Sie auf jeden Fall eine kurze Pause einlegen und sich neu sammeln.
Und auch andere Pannen sind kein Beinbruch: Sie setzen gerade zum Sprechen an, und heraus kommt nur ein heiseres, hohes Piepsen? Lassen Sie sich dadurch nicht aus der Ruhe bringen. Kurz räuspern, vielleicht einen Schluck Wasser trinken und einfach noch mal von vorn anfangen. Ebenso sollte ein Versprecher Sie nicht aus dem Konzept bringen. Ist allen Anwesenden klar, was Sie sagen wollten, übergehen Sie ihn einfach. Andernfalls korrigieren Sie sich und machen – ohne weiteres Aufheben – weiter. Ebenso verfahren Sie, wenn Sie etwas vergessen haben. War es wichtig, tragen Sie es an passender Stelle nach, ansonsten gehen Sie wortlos darüber hinweg. Generell gilt: Nehmen Sie es locker, denn Pannen passieren nun einmal. Das weiß auch die Hochzeitsgesellschaft, und man wird Ihnen ein kleines Malheur gern

nachsehen. Oft hilft auch eine selbstironische Bemerkung, um die Situation charmant zu meistern.

Wenn die Nerven flattern

Lampenfieber ist vollkommen normal, und ein bisschen davon ist sogar hilfreich! Denn das ausgeschüttete Adrenalin macht Sie – auch geistig – fit für Höchstleistungen. Doch was tun, wenn das flaue Gefühl im Magen übermächtig wird? Ganz wichtig ist die innere Einstellung: Sie sind gut vorbereitet, haben Ihren „Auftritt" mehrmals geprobt. Vergegenwärtigen Sie sich das noch einmal. Wichtig: Machen Sie sich klar, dass selbst im Fall des Falles nichts Schlimmes passieren kann. Es geht hier nicht ums Überleben, es steht nichts Wichtiges auf dem Spiel. Darüber hinaus gibt es natürlich auch noch ein paar Tricks gegen Nervenflattern:

- Ablenkung: Lenken Sie sich ab, indem Sie beispielsweise mit Ihren Tischnachbarn ein Gespräch beginnen.
- Innerlich jubeln: Summen oder singen Sie innerlich ein Lied, das Sie mögen.
- Atmen: Setzen Sie sich aufrecht hin, und atmen Sie einige Male tief und ruhig in den Bauch. Konzentrieren Sie sich dabei ganz auf das Ein- und Ausatmen.
- Stille: Ziehen Sie sich einige Minuten bevor es losgeht für kurze Zeit zurück, und entspannen Sie sich, indem Sie Ihre Muskeln einige Male an- und wieder entspannen (auch hierbei atmen Sie tief in den Bauch). Danach schütteln Sie Arme, Hände und Kopf und lockern Ihre Kiefer.

Tipp

Bitte versuchen Sie nicht, Ihr Lampenfieber mit Alkohol zu bekämpfen. Danach können Sie sich wahrscheinlich weniger gut konzentrieren – und das Ganze beeinträchtigt Ihr gesamtes Auftreten. Nutzen Sie lieber eine der oben vorgestellten Methoden.

9. Das Einmaleins des Zitierens

Egal, ob Sie einen spannenden Auftakt, einen Höhepunkt, der etwas in wenigen Worten gekonnt auf den Punkt bringt oder einen gelungen Abschluss suchen: Ein treffendes Zitat ist stets eine raffinierte Würze für Ihre Rede.

So finden Sie das passende Zitat

Damit Sie die Suppe aber nicht versalzen, gilt es auch beim Zitieren einige Regeln zu beachten. Setzen Sie Zitate bewusst und sparsam ein, also nicht mehrmals in der Einleitung, im Hauptteil und am Schluss. Beschränken Sie sich in Ihrer Rede auf eines oder maximal zwei Zitate, die dafür aber perfekt zu Ihrem Thema passen. Schließlich wollen Sie ja nicht als „Sprücheklopfer" gelten. Außerdem wirkt eine Rede, die nur aus Zitaten zu bestehen scheint, schnell langweilig und beliebig. Achten Sie bei Ihrer Auswahl auch unbedingt darauf, dass das Zitat nicht allzu bekannt ist. Es verliert seine besondere Wirkung, wenn man es immer und immer wieder gehört hat.

Ebenfalls wichtig ist, dass das Zitat zu Ihrem Publikum passt. Das heißt einerseits, dass es Ihre Zuhörer weder über- noch unterfordert, und andererseits, dass eine Übereinstimmung in der Grundeinstellung besteht. So werden Sie zum Beispiel bei einem eher religiös geprägten Publikum mit dem Zitat eines bekannten Kirchenkritikers nicht gut ankommen. Auch das Renommee des Urhebers sollte also bei Ihrer Suche nach dem passenden Zitat eine Rolle spielen. Denn der Ausspruch eines für seine romantischen Gedichte bekannten Dichters ist – was das Thema Liebe angeht – natürlich glaubwürdiger als das eines Wissenschaftlers, der sich sein ganzes Leben

lang hauptsächlich mit Physik oder Mathematik beschäftigt hat. Wobei andererseits gerade dieser Gegensatz durchaus reizvoll sein kann.
Am besten verwenden Sie Zitate, die Sie auch persönlich gut finden und hinter denen Sie stehen. So bleiben Sie stets glaubwürdig.

Zitieren, aber richtig

Es sollte eigentlich eine Selbstverständlichkeit sein, aber die Praxis zeigt leider häufig auch das Gegenteil: Wenn Sie ein Zitat verwenden, nennen Sie bitte unbedingt immer auch den Namen der Person, von der das Zitat stammt. Lassen Sie sich nicht dazu hinreißen, sich mit fremden Federn zu schmücken. Ist der Zitierte nicht sehr bekannt, geben Sie eventuell noch einen Hinweis auf ihn – seinen Beruf oder sein Werk.
Und noch ein letzter Punkt: Ein Zitat muss sowohl formal als auch inhaltlich mit dem Original übereinstimmen, selbst wenn Ihnen beispielsweise die Sprache antiquiert vorkommt. Nehmen Sie auch keine sinnentstellenden Auslassungen oder Verkürzungen vor, um den ganzen Spruch besser in Ihre Rede integrieren zu können. Ebenfalls tabu ist es, ein Zitat völlig aus dem Zusammenhang zu reißen und seine Aussage damit vielleicht gar ins Gegenteil zu verkehren.

Tipp

Überlegen Sie sich schon vorher, wie Sie ein Zitat in die Rede integrieren. Wählen Sie statt des beliebten, aber etwas eingebildet klingenden „Wie schon Goethe dereinst sagte ..." lieber die etwas bescheidenere Formulierung „Goethe hat einmal gesagt ..." oder „Goethe meint dazu ...". Und verwenden Sie Zitate nie, um Ihre gute Bildung zur Schau zu stellen oder andere zu belehren.

10. Zitate zur Liebe I

Bei einer Hochzeit spielt die Liebe die Hauptrolle! Und hier finden Sie Zitate zu diesem wunderbaren Thema – schöne Worte als Anregung für Ihre Rede ...

Das Wesen wahrer Liebe lässt sich immer wieder mit der Kindheit vergleichen: Beide haben die Unüberlegtheit, die Unvorsichtigkeit, die Ausgelassenheit, das Lachen und das Weinen gemeinsam.
Honoré de Balzac, französischer Philosoph und Schriftsteller (1799–1850)

Die Liebe schaut durch eine Brille, die aus Kupfer Gold macht, aus Armut Reichtum und aus Tränen Perlen.
Miguel des Cervantes-Saavedra, spanischer Schriftsteller (1547–1616)

Das ist die wahre Liebe, die immer und immer sich gleich bleibt, wenn man ihr alles gewährt, wenn man ihr alles versagt.
Johann Wolfgang von Goethe, deutscher Dichter (1749– 1832)

Liebe ist kein Solo, Liebe ist ein Duett. Schwindet sie bei einem, verstummt das Lied.
Adalbert von Chamisso, deutsch-französischer Dichter (1781–1838)

Es gibt so wenig ein Übermaß an Liebe, wie es ein Übermaß an Wissen und Schönheit gibt.
Ralph Waldo Emerson, amerikanischer Philosoph und Essayist (1803–1882)

Wenn du liebst, dringst du ans Licht, wie der Samen, der in der Erde verborgen war.
Bettina von Arnim, deutsche Dichterin (1785–1859)

Es gibt keinen besseren Maßstab der Liebe als das Vertrauen.
Meister Eckhart, deutscher Mystiker und Provinzial der Dominikaner (1260–1327)

Liebe ist die Fähigkeit und Bereitschaft, den Menschen, an denen uns gelegen ist, die Freiheit zu lassen, zu sein, was sie sein wollen, gleichgültig, ob wir uns damit identifizieren können oder nicht.
George Bernard Shaw, irischer Dramatiker (1856–1950)

In der Liebe sprechen Hände und Augen meist lauter als der Mund.
Ricarda Huch, deutsche Erzählerin (1864–1947)

Es gibt nichts Schöneres, als geliebt zu werden, geliebt um seiner selbst willen oder vielmehr: trotz seiner selbst.
Victor Hugo, französischer Schriftsteller (1802–1885)

Die Liebe ist nichts anderes als ein Kampf, in dem beide gewinnen.
Madonna, amerikanische Sängerin (geb. 1958)

Beispiel

„Liebes Brautpaar, liebe Gäste. Bei der französischen Schriftstellerin Julie de Lespinasse heißt es: Das große Glück der Liebe besteht darin, Ruhe in einem anderen Herzen zu finden. Und ich freue mich sehr, dass euch, liebe Sandra, lieber Markus, dieses Glück zuteil wurde und ich heute eine Rede zu eurer Hochzeit halten darf …“

11. Zitate zur Liebe II

Die Behauptung, ein Mann könne nicht immer dieselbe Frau lieben, ist genauso unsinnig wie die Behauptung, ein Geiger brauche für dasselbe Musikstück mehrere Violinen.
Honoré de Balzac, französischer Philosoph und Schriftsteller (1799–1850)

Liebe erblüht im Staunen einer Seele, die nichts erwartet, und sie stirbt an der Enttäuschung des Ichs, das alles fordert.
Gustav Flaubert, französischer Erzähler (1821–1880)

Liebe allein versteht das Geheimnis, andere zu beschenken und dabei selbst reich zu werden.
Clemens von Brentano, deutscher Dichter (1778–1842)

Einen Menschen zu lieben heißt, ihn so zu sehen, wie Gott ihn gemeint hat.
Fjodor Michailowitsch Dostojewski, russischer Schriftsteller (1821–1881)

Es gibt keine fünf oder sechs Weltwunder, sondern nur eines: die Liebe.
Jacques Prévert, französischer Lyriker (1900–1977)

Wahre Liebe ist das Geschenk, das Gott allein der Menschheit gegeben: Es ist das geheime Mitgefühl, das silberne Bindeglied, das seidene Band, das Herz an Herz und Geist an Geist in Körper und Seele binden kann.
Sir Walter Scott, schottischer Schriftsteller (1171–1832)

Liebe macht vollkommen.
Michelangelo Buonarotti, italienischer Künstler (1475–1564)

In der Liebe ist Liebe allein zu wenig – man muss es dem anderen auch sagen.
Karel Slodán, tschechischer Physiker (1748–1827)

Wo Liebe, Freundschaft, Weisheit und Natur
In schöner Eintracht wohnen, ist der Himmel.
Friedrich von Matthisson, deutscher Lyriker (1761–1831)

Als er gefragt wurde, was es heiße, ein Liebender zu sein, gab er zur Antwort:
Was immer du im Kopf hast, vergiss es.
Was immer du in der Hand hältst, gib es her.
Was immer dein Schicksal zu sein hat, stelle dich ihm.
Abu-Sa'id-i Abu'l-Khair, persischer Sufi-Meister (967–1049)

Die Liebe ist der Endzweck der Weltgeschichte, das Amen des Universums.
Novalis, deutscher Schriftsteller (1772–1801)

Beispiel

„Die Liebe hat ihren Instinkt; sie weiß den Weg zum Herzen zu finden. Der beste Beweis für diese Worte des französischen Schriftsteller Honoré de Balzac sind Markus und Sandra. Denn ihre Liebe begann alles andere als romantisch mit einem Zusammenstoß. Und auch wenn der entstandene Schaden nur gering war, als romantisch kann man den darauf folgenden Dialog wirklich nicht bezeichnen. Doch das änderte sich schon bald, denn sie hatten wohl den gerade angesprochenen Instinkt der Liebe geweckt, selbst wenn die beiden es zu diesem Zeitpunkt noch nicht einmal ahnten, dass das der Beginn einer großen Liebe sein würde …"

12. Zitate zur Liebe III

Wo Liebe neu geboren wird, wird das Leben neu geboren.
Vincent van Gogh, niederländischer Maler (1853–1890)

Die Liebe ist das Bewusstsein, Freude zu geben und zu empfangen, die Liebe ist ein ewig wechselndes Verlangen, ewig befriedigt und ewig unersättlich.
Honoré de Balzac, französischer Schriftsteller (1799–1850)

Willst du geliebt werden, so liebe.
Lucius Annaeus Seneca, römischer Philosoph (ca. 1–65)

Liebe heißt: das Glück des anderen suchen.
Don Bosco, italienischer Priester und Sozialpädagoge (1815–1888)

Die Hindernisse sind das, was die Liebe erst interessant macht.
Sarah Bernhardt, französische Schauspielerin (1844–1923)

Ohne Liebe sind wir uns selbst zur Last,
Durch die Liebe tragen wir einander.
Augustinus Aurelius, Philosoph, Kirchenvater und Heiliger (354–430)

Beispiel

„Bei Albert Camus heißt es: Einen Menschen zu lieben heißt einwilligen, mit ihm alt zu werden. Und genau das wünsche ich Euch, liebes Brautpaar: Ein langes, gemeinsames Leben in Liebe und voller wunderbarer Momente. Werdet glücklich!“

Mir ist auf der Straße ein sehr armer junger Mann begegnet, der verliebt war. Sein Hut war alt, sein Mantel abgetragen, Wasser rann durch seine Schuhe. Aber Sterne zogen durch seine Seele.
Victor Hugo, französischer Schriftsteller (1802–1885)

Die Liebe ist ein Stoff, den die Natur gewebt und die Fantasie bestickt hat.
Voltaire, französischer Schriftsteller (1694–1778)

Darin besteht die Liebe: dass sich zwei Einsame beschützen und berühren und miteinander reden.
Rainer Maria Rilke, österreichischer Schriftsteller (1875–1926)

Vergiss nicht, dass die beste Beziehung die ist, wo eure Liebe füreinander euer Bedürfnis, einander zu brauchen, übersteigt.
Dalai Lama, buddhistischer Mönch und Oberhaupt der Tibeter (geb. 1935)

Jeder Mensch ist eine Insel, die sich nach Vereinigung mit dem Festland sehnt.
Arthur Koestler, englisch-ungarischer Schriftsteller (1905–1983)

Beispiel

„Bei Christian Reuter, einem deutschen Dichter, heißt es: In der Liebe ist es wie beim Verbrechen – ohne den richtigen Komplizen wird es nichts. Wenn ich euch beide heute hier so sehe, dann bin ich mir ganz sicher, dass das der ganz große Coup werden kann. Darauf erhebe ich mein Glas ..."

13. Zitate zu Hochzeit und Ehe I

Über die Ehe haben sich im Laufe der Jahrhunderte viele berühmte Köpfe ihre Gedanken gemacht. Vielleicht ist da ja auch die eine oder andere Idee dabei, die Sie in Ihrer Rede aufgreifen möchten.

Es genügt in der Liebe, durch liebenswürdige Eigenschaften, durch Reize zu gefallen. Aber in der Ehe muss man einander lieben, um glücklich zu sein, oder wenigstens zueinander passende Fehler haben.
Nicolas Chamfort, französischer Dramatiker (1741–1790)

Eine gute Ehe beruht auf dem Talent zur Freundschaft.
Friedrich Wilhelm Nietzsche, deutscher Philosoph (1844–1900)

Der größte Segen auf dem Erdenrund, wenn Weib und Gatten treuer Eintracht Bund umschlingt.
Euripides, griechischer Dichter (ca. 480–406 v. Chr.)

Beispiel

„Nichts ist beglückender, als den Menschen zu finden, den man den Rest seines Lebens ärgern kann. Wie recht die englische Queen of Crime Agatha Christie damit doch hat. Denn bei dir, Sandra, begann das schon im Sandkasten, als du Markus immer seine Förmchen weggenommen hast. Und auch in der Schule gab es nichts Schöneres für dich, als deinen besten Freund zu necken.“

Was man eine glückliche Ehe nennt, verhält sich zur Liebe wie ein korrektes Gedicht zu improvisiertem Gesang.
Friedrich von Schlegel, deutscher Dichter und Philosoph (1772–1829)

Das große Geheimnis jeder guten Ehe ist, jeden Unglücksfall als Zwischenfall und keinen Zwischenfall als Unglücksfall zu behandeln.
Harold Nicolson, britischer Autor, Diplomat und Politiker (1886–1968)

Ehen werden im Himmel geschlossen, aber dass sie gut geraten, darauf wird dort nicht gesehen.
Marie von Ebner-Eschenbach, österreichische Erzählerin (1830–1916)

Die Ehe ist die interessanteste, schwerste und wichtigste Aufgabe im Leben.
Anne Morrow Lindbergh, amerikanische Schriftstellerin (1906–2001)

Die Ehe ist wie ein Lattenzaun: Er soll das Eigentum schützen, darf aber nicht die Sicht verwehren.
Ekkehard Fritsch, deutscher Schauspieler und Kabarettist (1921–1987)

Beispiel

„Das Geheimnis einer guten Ehe ist die Kommunikation. Dieser Meinung ist auch der Dichter Jean Paul, der einmal gesagt hat: Viele Zänkereien in der Ehe kommen davon, dass man fordert, der Gatte solle die Liebe erraten, die man auszusprechen zu stolz und schamhaft ist. Deshalb kann ich euch, liebes Brautpaar, nur raten …"

14. Zitate zu Hochzeit und Ehe II

Es genügt nicht, dass sich Mann und Weib mit den Lippen berühren, sie müssen eins sein im Geiste.
Arthur Stahl, Pseudonym für Valeska Voigtel-Bolgiani, deutsche Schriftstellerin (1830–1876)

In der Ehe muss man einen unaufhörlichen Kampf gegen ein Ungeheuer führen, das alles verschlingt: die Gewohnheit.
Honoré de Balzac, französischer Schriftsteller (1799–1850)

Eine Frau ist der beste Gefährte für das Leben.
Martin Luther, deutscher Theologe (1483–1546)

Ehe: eine Gemeinschaft, bestehend aus einem Herrn, einer Herrin und zwei Sklaven, insgesamt zwei Personen.
Ambrose Gwinnet Bierce, amerikanischer Journalist (1842–1914)

Beispiel

„Liebe Sandra, lieber Markus, ich weiß natürlich, dass ihr euch schon eine ganze Weile kennt und eure Liebe vor diesem Schritt sorgfältig geprüft habt. Doch als liebender und besorgter Vater möchte ich euch einen Gedanken des bekannten russischen Schriftstellers Tolstoi besonders ans Herz legen: Die Hauptursache der unglücklichen Ehen ist die Erziehung in dem Gedanken, die Ehe sei dazu bestimmt, glücklich zu machen. Stimmt, denn eine Eheurkunde ist kein Garant für Glück. Dieses Glück muss vielmehr immer wieder aufs Neue erarbeitet werden …“

Hinter einer langen Ehe steht immer eine sehr kluge Frau.
Ephraim Kishon, israelischer Schriftsteller (1924–2005)

In einer guten Ehe ernennt einer den anderen zum Beschützer seines Alleinsein.
Rainer Maria Rilke, österreichischer Schriftsteller (1875–1926)

Die Ehe ist nie ein Letztes, sondern Gelegenheit zum Reifwerden.
Johann Wolfgang von Goethe, deutscher Dichter (1749–1832)

Ehe ist gegenseitige Freiheitsberaubung in beiderseitigem Einvernehmen.
Oscar Wilde, irischer Lyriker und Dramatiker (1854–1900)

Die große Kunst in der Ehe besteht darin, Recht zu behalten, ohne den anderen ins Unrecht zu setzen.
Käte Haack, deutsche Schauspielerin (1897–1986)

Sowie die Erde Himmel sein kann, soweit ist sie es in einer glücklichen Ehe.
Marie von Ebner-Eschenbach, österreichische Erzählerin (1830–1916)

Beispiel

„Der dänische Philosoph Søren Kierkegaard sagt: Die Ehe ist und bleibt die wichtigste Entdeckungsreise, die der Mensch unternehmen kann. Und so wünsche ich euch, liebe Sandra, lieber Markus, auf eurem gemeinsamen Weg viele schöne Entdeckungen und von Herzen alles Liebe und Gute …"

15. Zitate zu Mann und Frau

Ein schier unerschöpfliches Thema, das sich durchaus für eine humorige Stimmungsrede eignet. Doch Vorsicht: Behalten Sie dabei stets den feierlichen Anlass im Blick. Allzu Derbes oder Anzügliches hat hier nichts verloren!

Frauen sind da, um geliebt, nicht um verstanden zu werden.
Oscar Wilde, irischer Schriftsteller (1854–1900)

Der richtige Mann? Das ist ein Gefühl, als ob man von zwei D-Zügen gleichzeitig überrollt wird.
Jette Joop, deutsche Mode- und Schmuckdesignerin (geb. 1968)

Die Frauen bemühen sich, den Mann zu ändern, und beklagen sich dann, dass er nicht mehr der alte ist.
Barbra Streisand, amerikanische Schauspielerin und Sängerin (geb. 1942)

In der Ehe stammen Drehbuch und Regie vom Mann, Dialoge und Ton von der Frau.
Federico Fellini, italienischer Filmemacher und Regisseur (1920–1993)

Wenn Frauen lieben, lieben sie ganz. Liebende Männer haben zwischendurch zu tun.
Jean Paul, deutscher Dichter (1763–1825)

Der kostbarste Besitz der Frau ist die Fantasie des Mannes.
Beate Uhse, deutsche Unternehmerin (1919–2001)

Eine kluge Frau wird manches übersehen, aber alles überschauen.
Lil Dagover, deutsche Schauspielerin (1887–1980)

Am liebsten erinnern sich die Frauen an die Männer, mit denen sie lachen konnten.
Anton Tschechow, russischer Schriftsteller und Dramatiker (1860–1904)

Es gibt drei Dinge, die eine Frau aus dem Nichts hervorzaubern kann: einen Hut, einen Salat und einen Ehekrach.
Mark Twain, amerikanischer Schriftsteller (1835–1910)

Im echten Manne ist ein Kind versteckt; das will spielen.
Friedrich Wilhelm Nietzsche, deutscher Philosoph (1844–1900)

Liebe ist die Geschichte der Verfolgung des Mannes durch die Frau.
George Bernard Shaw, irischer Dramatiker (1856-1950)

Beispiel

„Liebes Brautpaar, liebe Bekannte und Unbekannte, die Frau ist die Rätselecke in Gottes großer Weltzeitung, so formulierte es der französische Schriftsteller und Dramatiker Marcel Achard. Und vielleicht ist es auch ganz gut, dass noch kein Mann dieses Rätsel gelöst hat, denn macht das eine Beziehung nicht erst spannend? Wäre es nicht furchtbar langweilig, wenn du Markus, jede Reaktion Sandras stets vorhersagen könntest? Also erhaltet euch diese Spannung – und damit das eine oder andere kleine Geheimnis in eurer Beziehung …“

16. Zitate zu Freude und Glück I

Bei einer Hochzeit wünschen die Gäste dem Brautpaar vor allem eines: Glück für den ab jetzt gemeinsamen Lebensweg. Warum also nicht das Glück zum Thema Ihrer Rede machen? Die folgenden Seiten halten zahlreiche Anregungen für Sie parat ...

Seine Freude in der Freude des anderen finden können, das ist das Geheimnis des Glücks.
Georges Bernanos, französischer Dichter (1888–1948)

Kummer lässt sich allein tragen. Für das Glück sind zwei Menschen erforderlich.
Elbert Hubbard, amerikanischer Essayist (1856–1915)

Glück ist meist nur ein Sammelname für Tüchtigkeit, Klugheit, Fleiß und Beharrlichkeit.
Charles Kettering, amerikanischer Ingenieur und Erfinder (1876–1958)

Wer Freude genießen will, muss sie teilen. Das Glück wurde als Zwilling geboren.
Lord Byron, englischer Schriftsteller (1788–1824)

Freude ist die Emotion, die Menschen verbindet.
Verena Kast, schweizerische Psychologin und Psychotherapeutin (geb. 1943)

Wo die Freude sich blicken lässt, da haltet sie fest.
Hoffmann von Fallersleben, deutscher Schriftsteller (1790–1874)

Das Glück wohnt nicht im Besitze und nicht im Golde; das Glücksgefühl ist in der Seele zu Hause.
Demokrit, griechischer Philosoph (470–360 v. Chr.)

Das Glück will gepflegt sein.
Luc de Clapiers Marquis de Vauvenargues, französischer Philosoph und Schriftsteller (1715–1747)

Erfasse das Glück des Lebens im Fluge. Es kommt nicht zurück.
Friedrich von Bodenstedt, deutscher Schriftsteller (1819–1892)

Die höchste Form des Glücks ist ein Leben mit einem gewissen Grad an Verrücktheiten.
Erasmus von Rotterdam, holländischer Philologe und Philosoph (1465–1536)

Es sucht jeder in der Liebe nur sich, und es ist das höchste Glück, sich in ihr zu finden.
Bettina von Arnim, deutsche Schriftstellerin (1785–1859)

Ich bin besonders glücklich, wenn das Glück unvollkommen ist. Vollkommenheit hat keinen Charakter.
Sir Peter Ustinov, britischer Schauspieler und Schriftsteller (1921–2004)

Beispiel

„Die Ankündigung, dass ihr bereits nach so kurzer Zeit heiraten wollt, kam für mich offen gesagt ziemlich überraschend. Doch umso mehr freue ich mich für euch, denn schon der griechische Dichter Sophokles meint dazu: Das weitaus schönste Glück – das plötzliche. Liebes Brautpaar, liebe Hochzeitsgäste …"

17. Zitate zu Freude und Glück II

Jeder glückliche Augenblick ist eine Gnade und muss zum Danke stimmen.
Theodor Fontane, deutscher Schriftsteller (1819–1898)

Was wir auch in dieser Welt erlangen mögen, ist doch die Liebe das höchste Glück.
Philipp Otto Runge, deutscher Maler (1777–1810)

Von Liebe träumen heißt von allem träumen, sie ist das Unendliche im Glück, das Mysterium in der Lust.
Gustave Flaubert, französischer Schriftsteller (1821–1880)

Die meisten Menschen machen das Glück zur Bedingung. Aber das Glück findet sich nur ein, wenn man keine Bedingungen stellt.
Artur Rubinstein, polnischer Pianist (1887–1982)

Beispiel

„Die Liebe verändert sich im Laufe der Zeit. Die Wogen der Leidenschaft glätten sich, es gibt nicht mehr so viel Neues zu entdecken, kurz: Man gewöhnt sich aneinander. Dann ist es wichtig, immer wieder einmal aus dem täglichen Trott auszubrechen und gemeinsam etwas Neues, Schönes zu erleben. Meist reicht da schon eine Kleinigkeit, denn Glück entsteht oft durch Aufmerksamkeit in kleinen Dingen – das wusste auch Wilhelm Busch. Nehmt die Anwesenheit und Liebe des anderen nie als selbstverständlich, dann ...“

Wirkliches Glück muss von innen kommen. Einzig die Freude und die Zufriedenheit, die der inneren Kraft des Geistes entspringen, sind wahrhaft und beständig.
Dalai Lama (geb. 1935)

Das höchste Glück des Lebens besteht in der Überzeugung, geliebt zu werden.
Victor Hugo, französischer Schriftsteller (1802–1885)

Sowohl Mann wie Frau sollten ständig daran denken, dass das schönste Geschenk, das einer dem anderen machen kann, das eigene Glück ist.
Alain, eigentlich Emile Chartrier, französischer Philosoph und Schriftsteller (1868–1951)

Das Glück ist ein Schmetterling: Jag ihm nach, und er entwischt dir. Setz dich hin, und er lässt sich auf deiner Schulter nieder.
Anthony de Mello, indisch-amerikanischer Jesuitenpriester (1931–1987)

Der Weg zum Glück besteht darin, sich um nichts zu sorgen, was sich unserem Einfluss entzieht.
Epiktet, griechischer Philosoph (um 50–138)

Beispiel

„George Bernard Shaw hat gesagt: Es ist ein ungeheures Glück, wenn man fähig ist, sich freuen zu können. Ich freue mich sehr, dass ihr euch entschlossen habt, euer Leben nun gemeinsam zu verbringen. Ich freue mich, dass meine Tochter in Markus einen Partner gefunden hat, der mit ihr durch dick und dünn gehen will und ich freue mich, dass Markus nun auch ganz offiziell zu unserer Familie gehört ...“

18. Zitate zu Freude und Glück III

Glück ist Talent für das Schicksal.
Novalis, deutscher Dichter (1772–1801)

Es gibt erfülltes Leben trotz vieler unerfüllter Wünsche.
Dietrich Bonhoeffer, deutscher Theologe und Widerstandskämpfer gegen den Nationalsozialismus (1906–1945)

Es ist keine Kunst, ein Mädchen zu verführen, aber ein Glück, eines zu finden, das es wert ist, verführt zu werden.
Søren Kierkegaard, dänischer Philosoph und Schriftsteller (1813–1855)

Glück ist Scharfblick für Gelegenheiten und die Fähigkeit, sie zu nutzen.
Samuel Goldwyn, amerikanischer Filmproduzent (1882–1974)

Eine geliebte Frau in den Armen halten. Das ist das Äußerste an menschlichem Glück.
Guy de Maupassant, französischer Schriftsteller (1850–1893)

Beispiel

„Glück ist, Menschen zu finden, die mit uns fühlen und empfinden. Dieser kluge Satz stammt von der Schauspielerin Ruth Leuwerik. Und wenn man euch beide so betrachtet, liebe Sandra, lieber Markus, dann sieht man die Liebe, die ihr füreinander empfindet. Haltet dieses Glück fest, dann können weder der Alltag noch Hindernisse auf eurem gemeinsamen Weg euch etwas anhaben …"

Man hat nur an so viel Freude und Glück Anspruch, als man selbst gewährt.
Ernst von Feuchtersleben, österreichischer Schriftsteller (1806–1849)

Zu lieben ist Segen, geliebt zu werden Glück.
Leo N. Tolstoi, russischer Dichter und Philosoph (1828–1910)

Kein Mensch kann wunschlos glücklich sein, denn das Glück besteht ja gerade im Wünschen.
Attila Hörbiger, österreichischer Schauspieler (1896–1987)

Jeder hat sein Glück unter den Händen, wie der Künstler eine rohe Materie, die er zu einer Gestalt umbilden will. Aber es ist mit dieser Kunst wie mit allem: Nur die Fähigkeit dazu wird uns angeboren; sie will gelernt und sorgfältig ausgeübt sein.
Johann Wolfgang von Goethe, deutscher Dichter (1749–1832)

Glücklich ist nicht, wer anderen so vorkommt, sondern wer sich selbst dafür hält.
Seneca, römischer Philosoph und Schriftsteller (4 v. Chr.–65 n. Chr.)

Viele Menschen versäumen das kleine Glück, weil sie auf das große vergeblich warten.
Pearl S. Buck, amerikanische Schriftstellerin (1892–1973)

Beispiel

„... natürlich wird es auch Schwierigkeiten auf eurem gemeinsamen Weg geben. Dann denkt an die Worte Goethes: Auch aus Steinen, die in den Weg gelegt werden, kann man Schönes bauen. In diesem Sinne wünsche ich euch kreative Ideen, Glück und alles Gute."

19. Sprichwörter aus aller Welt I

Viele Völker haben ihre Weisheiten, ihren Humor und ihre Lebensanschauung in Sprichwörter verpackt. Lassen Sie sich davon inspirieren und schmücken Sie Ihren Vortrag mit einem treffenden Spruch.

Einer allein ist nicht einmal gut im Paradiese.
Aus Italien

Man kann nicht zugleich verliebt und vernünftig sein.
Aus Spanien

Liebe ist ein Glas, das zerbricht, wenn man es zu unsicher oder zu fest fasst.
Aus Russland

Dort, wo man liebt, wird es niemals Nacht.
Aus Afrika

Beispiel

„Die Liebe hat zwei Töchter, die Güte und die Geduld. Wie viel Wahrheit in diesem deutschen Sprichwort steckt, haben Sandra und Markus selbst schon erfahren. Denn als die beiden sich kennenlernten, war Markus gerade dabei, sich selbstständig zu machen. Er musste sich völlig auf seine berufliche Zukunft konzentrieren – da gab es keinen Platz für eine Frau. Doch so leicht gab Sandra nicht auf. Sie ...“

Was ist Liebe? Eine Hütte nicht gegen einen Palast eintauschen wollen, Untugend und Fehler lächelnd übersehen, Hingabe ohne geringstes Zögern.
Aus China

Liebe bringt selbst den Esel zum Tanzen.
Aus Frankreich

Die Ehe ist eine Lotterie, in der die Männer ihre Freiheit und die Frauen ihr Glück aufs Spiel setzen.
Aus Frankreich

Leicht ist es, das Glück zu finden; noch leichter: es zu verlieren.
Aus Russland

Gut gefrühstückt, spürt man den ganzen Tag.
Gut geschlachtet, das ganze Jahr.
Gut geheiratet das ganze Leben.
Aus Deutschland

Eheleute, die sich lieben, sagen sich tausend Dinge, ohne zu sprechen.
Aus China

Die Liebe kommt nach der Hochzeit.
Aus Lappland

Beispiel

„In Ungarn heißt es: Im Traum und in der Liebe ist nichts unmöglich. Nehmt also euer Glück in die Hand und macht eure Träume gemeinsam wahr. Ich wünsche euch, liebe Sandra, lieber Markus, dabei alles erdenklich Liebe und Gute!“

20. Sprichwörter aus aller Welt II

Ah, meine Tochter, wenn du alle Schwierigkeiten der Ehe kenntest, würdest du keinen Mann nehmen. Ah, meine Tochter, wenn du alle Vergnügungen der Ehe kenntest, hättest du schon längst einen Mann genommen.
Sprichwort der Orinoco-Indianer

Aus vier Augen sieht sich die Welt viel heiterer an als aus zweien.
Aus Deutschland

Bevor du heiratest, halte beide Augen offen, doch hinterher drücke eins zu.
Aus den USA

Deine Frau ist kein Gebetsschal, den man eintauscht, wenn man ihn nicht mehr schön findet.
Jüdisches Sprichwort

Beispiel

„Liebes Brautpaar, liebe Hochzeitsgäste, in Russland sagt man: Wenn die Liebe den Willen unterstützt, was macht es für Mühe, Berge abzutragen? Gott sei Dank keine, sonst säßen wir heute nicht beisammen, um die Hochzeit von Sabine und Mahmud zu feiern. Denn Berge abzutragen gab es viele. Galt es doch nicht nur die große Entfernung zu überwinden, sondern auch einige Überzeugungsarbeit zu leisten. Aber weder kulturelle noch religiöse Unterschiede haben Euch an Eurer Liebe zweifeln lassen ..."

Eine einsame Seele singt nicht und weint nicht.
Aus Spanien

Man liebt einen Menschen nicht alle Tage.
Aus Kenia

Beim Jagen und beim Lieben weiß man wohl, wo man anfängt, aber nicht, wohin man kommt.
Aus Deutschland

Aus Liebe heiraten ist freilich riskant, aber Gott lächelt dazu.
Aus Nordamerika

In einer guten Ehe fügen sich Himmel und Erde zusammen.
Aus Brasilien

Wer dich liebt, wird dich weinen machen.
Aus Argentinien

Der Weg ist so reich an Gefahr, doch Liebe hat siegende Waffen.
Aus Indien

Der Mann ohne Frau ist wie ein Baum ohne Laub und Zweige.
Aus Italien

Beispiel

„Das Glück kann man verdoppeln, indem man es teilt. Aus eigener Erfahrung kann ich diesen weisen Satz nur bestätigen. Denn eine vertrauensvolle Partnerschaft, in der man gemeinsam die Höhen und Tiefen des Lebens durchschreitet, sich miteinander freut, aber auch das Leid miteinander teilt, ist wohl das größte Glück, das man im Leben haben kann …"

21. Zitate aus der Bibel I

Wenn der christliche Glaube im Leben des Brautpaares wichtig ist, kann auch ein Zitat aus dem Buch der Bücher, der Bibel, in Ihre Rede passen. Einige der schönsten Sprüche finden Sie hier.

Lasst uns aufeinander Acht haben und uns anreizen zur Liebe und zu guten Werken.
Hebräer 10, 24

Denn Liebe ist stark wie der Tod und Leidenschaft unwiderstehlich wie das Totenreich. Ihre Glut ist feurig und eine Flamme des Herrn, so dass auch viele Wasser die Liebe nicht auslöschen und Ströme sie nicht ertränken können. Wenn einer alles Gut in seinem Hause um die Liebe geben wollte, so könnte das alles nicht genügen.
Hohelied 8, 6-7

Ich bete darum, dass eure Liebe immer noch reicher werde an Erkenntnis und Erfahrung.
Philipper 1, 9

Beispiel

„Das ist mein Gebot: Liebt einander, so wie ich euch geliebt habe. So steht es im Johannesevangelium Kapitel 15 Vers 1 und 2. Diesen Worten kann ich mich nur anschließen, und darauf möchte ich mein Glas erheben: auf dass ihr, liebe Sandra, lieber Markus, einander ewig lieben werdet!“

So ist's ja besser zu zweien als allein, denn sie haben guten Lohn für ihre Mühe. Fällt einer von ihnen, so hilft ihm der andere auf.
Prediger 4, 9-10

Die Liebe ist langmütig und freundlich, die Liebe eifert nicht, die Liebe treibt nicht Mutwillen, sie bläht sich nicht auf, sie verhält sich nicht ungehörig, sie sucht nicht das Ihre, sie lässt sich nicht erbittern, sie rechnet das Böse nicht zu, sie freut sich nicht über die Ungerechtigkeit, sie freut sich aber an der Wahrheit; sie erträgt alles, sie glaubt alles, sie hofft alles, sie duldet alles. Die Liebe hört niemals auf ...
1. Korinther 13, 4-8, das Hohelied der Liebe

Es ist besser ein Gericht Kraut mit Liebe, denn ein gemästeter Ochse mit Hass.
Sprüche 15, 17

Alle Eure Dinge lasst in der Liebe geschehen!
1. Korinther 16, 14

Lasst uns einander lieb haben, denn die Liebe ist von Gott.
1 Johannes 4, 7a

Beispiel

„... Mit eurem Jawort seid ihr auch Verpflichtungen eingegangen. Dazu gehört auch der Respekt voreinander. Gerade in Zeiten, in denen es nicht so gut läuft, ist es besonders wichtig, einander zu unterstützen. In der Bibel heißt es dazu im ersten Brief des Petrus, Kapitel 4, Vers 10: Fördert euch gegenseitig, jeder mit der Gabe, die ihm Gott geschenkt hat ..."

22. Zitate aus der Bibel II

Denn wo dein Schatz ist, da ist auch dein Herz.
Matthäus 6, 21

Seid eines Sinnes, habt gleich Liebe, einmütig und einhellig. Tut nichts aus Zank oder um eitler Ehre willen, sondern in Demut achte einer den anderen höher als sich selbst; und ein jeglicher sehe nicht nur auf das Seine, sondern auch auf das, was des anderen ist.
Philipper 2, 2-4

Über alles zieht an die Liebe, die da ist das Band der Vollkommenheit.
Kolosser 3, 14

Nehmt euch gegenseitig an, so wie uns Christus angenommen hat, Gott zur Ehre.
Römer 15, 7

Vor allem haltet fest an der Liebe zueinander; denn die Liebe deckt viele Sünden zu.
1 Petrus 4,8

Beispiel

„In seinem ersten Brief an die Korinther schreibt Paulus: Wer liebt, der gibt niemals jemand auf, in allem vertraut er und hofft er für ihn, alles erträgt er mit großer Geduld. Mit wenigen Worten bringt der Apostel hier auf den Punkt, was eine gute Ehe ausmacht ..."

Dass Güte und Treue einander begegnen, Gerechtigkeit und Friede sich küssen.
Psalm 85,11

Durch die Liebe diene einer dem andern.
Galater 5,13

Dies ist der Tag, den Gott macht; wir wollen uns freuen und fröhlich an ihm sein.
Psalm 118,24

Lasst uns nicht lieben mit Worten noch mit der Zunge, sondern in Tat und Wahrheit.
1 Johannes 3,18

Lieb' möchte euch regieren, Treue euch führen,
Glück um euch walten, Gesundheit euch halten.
Segensspruch

Ertragt einander in Liebe, und seid darauf bedacht, zu wahren die Einigkeit im Geist durch das Band des Friedens.
Epheser 4, 2b-3

Wer im Geringsten treu ist, ist auch im Großen treu.
Lukas 16, 10

Beispiel

„... über die Ehe haben schon viele intelligente Menschen etwas gesagt. Doch um zu erkennen, worauf es ankommt, reicht ein Blick in die Bibel. Im Brief des Paulus an die Kolosser, in Kapitel 3, Vers 12 steht: Vor allem liebt einander, denn die Liebe ist das Band, das alles zusammenhält und vollkommen macht. Mit diesem Vers habt ihr, liebes Brautpaar, ..."

23. Zitate zum gemeinsamen Lebensweg

Ein Paar heiratet – und zeigt damit seinen gemeinsamen Wunsch, den weiteren Lebensweg miteinander zu gehen. Ein optimistischer Blick in die Zukunft ist also ein schönes Thema für eine stimmungsvolle Hochzeitsrede.

In der Liebe suchen die meisten die ewige Heimat. Andere, sehr wenige aber, das ewige Reisen.
Walter Benjamin, deutscher Schriftsteller (1892–1940)

Liebe besteht nicht darin, dass man einander ansieht, sondern dass man gemeinsam in die gleiche Richtung blickt.
Antoine de Saint-Exupéry, französischer Schriftsteller (1900–1944)

Ich glaube, ein Mann will von einer Frau das Gleiche wie eine Frau von einem Mann: Respekt.
Clint Eastwood, US-amerikanischer Schauspieler und Regisseur (geb. 1930)

Wenn einem Treue Spaß macht, dann ist es Liebe.
Julie Andrews, britische Schauspielerin und Sängerin (geb. 1935)

Menschen kann man nicht besitzen. Man muss sie immer wieder neu gewinnen.
Bruno Frank, deutscher Schriftsteller (1885–1945)

Liebe ist der Entschluss, das Ganze eines Menschen zu bejahen, die Einzelheiten mögen sein, wie sie wollen.
Otto Flake, deutscher Schriftsteller (1880–1963)

Die Summe unseres Lebens sind die Stunden, in denen wir lieben.
Wilhelm Busch, deutscher Humorist und Dichter (1832–1908)

... Denn ich habe dich geheiratet ... um in der fremden Welt eine Stelle für mein Herz zu haben, die all ihre dürren Winde nicht erkälten kann und an der ich die Wärme des heimatlichen Kaminfeuers finde, an das ich mich dränge, wenn es draußen stürmt und friert.
Otto von Bismarck (1815–1898), preußisch-deutscher Staatsmann, 1851 in einem Brief an seine Gattin

Wenn du ein Schiff bauen willst, dann trommle nicht Männer zusammen, um Holz zu beschaffen und Arbeit einzuteilen, sondern lehre die Männer die Sehnsucht nach dem weiten endlosen Meer.
Antoine de Saint-Exupéry, französischer Schriftsteller (1900–1944)

Wer etwas Außergewöhnliches erleben will, muss eine außergewöhnliche Situation suchen.
Sergius Golowin, Berner Autor und Publizist (1930–2006)

Beispiel

„Ausdauer wird früher oder später belohnt – meistens aber später. Das wusste Wilhelm Busch, aber auch ihr – liebe Sandra und lieber Markus – könnt das nur zu gut bestätigen. Lange hat es gedauert, bis ihr beide endlich an diesem Ziel hier ankommen konntet. Für euren weiteren Lebensweg kann man deshalb sicher sein, dass ihr jedes Hindernis miteinander überwinden werdet. Dass es in Zukunft weniger Hindernisse und viel mehr Zeit miteinander für euch gibt, wünsche ich euch von ganzem Herzen!“

24. Zitate für „Ihr" Paar?

Das Brautpaar verkörpert überzeugend die These „Gegensätze ziehen sich an"? Oder hat es ein gemeinsames Ziel, das ihm sehr wichtig ist? Einige Anregungen für ein passendes Zitat finden Sie hier.

Gegensätze ziehen sich an ...

In der Liebe versinken und verlieren sich alle Widersprüche des Lebens. Nur in der Liebe sind Einheit und Zweiheit nicht im Widerstreit.
Rabindranath Tagore, indischer Philosoph (1861–1941)

Ordnung ist die Lust der Vernunft, aber Unordnung ist die Wonne der Phantasie.
Paul Claudel, französischer Diplomat (1868–1955)

Das Chaos besiegt die Ordnung, weil es besser organisiert ist.
Terry Pratchett (eigentlich: Terence David John Pratchett), englischer Schriftsteller (*1948)

Der Berg lacht nicht über den Fluss, weil er tief unten ist – und der Fluss schmäht den Berg nicht, weil er unbeweglich ist.
(Asiatische Weisheit)

Humor hat, wer gemeinsam lacht!

Lachen und Lächeln sind Tor und Pforte, durch die viel Gutes in den Menschen hineinhuschen kann.
Christian Morgenstern, deutscher Schriftsteller, Dichter und Übersetzer (1871–1914)

Nachdem Gott die Welt erschaffen hatte, schuf er Mann und Frau. Um das ganze vor dem Untergang zu bewahren, erfand er den Humor.
Guillermo Mordillo, argentinischer Zeichner und Cartoonist (*1932)

Ein heiteres Ehepaar ist das Beste, was sich in der Liebe erreichen lässt.
Thomas Niederreuther, deutscher Kaufmann, Maler und Schriftsteller (1909–1990)

Gibt es schließlich eine bessere Form, mit dem Leben fertig zu werden, als mit Liebe und Humor?
Charles Dickens, britischer Schriftsteller (1812-1870)

Wenn eine Gemeinsamkeit das Paar verbindet

Schach ist wie die Liebe – allein macht es weniger Spaß.
Stefan Zweig, österreichischer Schriftsteller (1881–1942)

Der Mensch kann mit dem Menschen nur durch das gleiche Ideal Verbindung halten.
Antoine de Saint-Exupéry, französischer Schriftsteller (1900–1944)

Beispiel

„Auf einer Reise habt ihr, liebe Sandra, lieber Markus, einander kennen gelernt – und Reisen ist eure Leidenschaft geblieben. So ist auf jeden Fall sicher, dass ihr auch auf eurem gemeinsamen Lebensweg gut Schritt halten werdet. Denn wie auch Mark Twain sagte: Es gibt kein sichereres Mittel festzustellen, ob man einen Menschen mag oder nicht, als mit ihm auf Reisen zu gehen …“

25. Noch mehr Ideen für Ihre Rede

Sie haben nun schon erfahren, wie Sie eine Rede aufbauen, und haben auf den vorherigen Seiten zahlreiche Zitate gefunden. Aber es gibt noch mehr Anregungen für Ihren Vortrag. Einige besonders interessante finden Sie hier.

Das Wichtigste bei einer Rede ist die Idee, um die sich alles aufbaut (→ 1. Anfangen leicht gemacht). Der berühmte rote Faden. Auch wenn Ihre Rede kurz ist – sie bleibt trotzdem allen angenehm in Erinnerung, wenn Sie ein Thema finden, das ganz unverwechselbar mit „Ihrem Brautpaar" zu tun hat. Ob Sie sich auf einen bestimmten Ort, ein politische oder geschichtliche Parallele oder Hobbys des Brautpaares beziehen – Sie haben die freie Auswahl!

Wonach suchen?

Es gibt Redner, die sofort eine Idee für ihre Rede haben – einfach, weil sie das Brautpaar oder wenigstens einen der beiden Partner sehr gut kennen und zum Beispiel wissen, dass die beiden sich bei einem Tanzkurs kennengelernt haben, am liebsten gemeinsam klettern gehen oder beide begeistert Stummfilme anschauen.

Das ist Ihre erste Aufgabe: Finden Sie diese besondere Idee, das Band, das dieses Paar zusammenhält. Sollten Sie mit beiden nicht so gut befreundet sein, dass Sie eine originelle Idee finden, fragen Sie ruhig im Freundeskreis oder in der Familie nach einer Anregung. Oder Sie suchen unter den Zitaten auf den vorherigen Seiten eines aus, das Ihnen selbst aus der Seele spricht. Überlegen Sie, was Ihnen zu einem solchen Zitat einfällt; auf welche Gedanken bringt es Sie? Notieren Sie alles, was Ihnen dazu in den Sinn kommt.

Den individuellen Dreh finden

Was fällt Ihnen ein, wenn Sie an das Brautpaar denken? Folgende Aspekte können ein schöner Aufhänger für die Hochzeitsrede sein:

- Hobbys und Sportarten, die beide gern mögen (wandern, surfen, joggen ...)
- Gemeinsame Leidenschaften: Teilt das Paar beispielsweise ein politisches oder soziales Engagement?
- Eigenschaften, in denen sich das Brautpaar besonders gut ergänzt (ist er eher der ruhende Pol, sie die Mitreißende? Oder sie sehr überlegt, er eher spontan? Ein solcher Gegensatz soll aber in Ihrer Rede unbedingt positiv kommentiert werden – und Sie müssen sicher sein, dass „Ihr" Paar seine Unterschiede bereichernd und nicht belastend erlebt.
- Eine schöne Anregung können auch Lieder, Gedichte oder Filme sein, die beide besonders gern mögen.
- Gibt es gemeinsame Ziele oder Pläne, über die das Brautpaar schon gesprochen hat? Das können berufliche Ziele sein, aber auch Orte, an die das Paar gern reist oder später noch reisen möchte.
- Fallen Ihnen Besonderheiten des Paares ein (Nationalität, Kultur, Herkunft, die beiden wichtig ist)? Können Sie diese positiv thematisieren?

Tipp

Sie haben trotz aller Mühe keinen Aspekt bei Ihrem Brautpaar entdeckt, der sich als Aufhänger eignet? Dann überlegen Sie sich einfach, was Sie persönlich dem Paar wünschen – und ergänzen diesen Gedanken mit einem schönen Zitat oder Vers.

26. Hochzeits-Reise durch Zeit und Raum

Die Hochzeit ist auch heute – obwohl sich vieles geändert hat – für die allermeisten Menschen ein sehr wichtiges Fest – und ein starkes Bekenntnis zueinander. Ein Blick in die Vergangenheit und in andere Länder zeigt, wie unterschiedlich Hochzeit gefeiert wird.

Liebe und Ehe – eine Einheit?

Das Wort »Hochzeit« stammt aus dem Mittelhochdeutschen (abgeleitet von „hoch(ge)zit«) und bedeutet so viel wie „hohes Fest". Je nach Kultur und Religion umfasst eine Hochzeit verschiedene Rituale, die zur Eheschließung führen.

Die Liebesheirat, wie wir sie heute kennen, ist noch gar nicht so alt: Im westlichen Europa wurden freiwillige Verlobungen aufgrund gegenseitiger Liebe erst ab dem 12. Jahrhundert langsam üblich. Vorher wurden meist Ehen ohne explizite Einwilligung der Partner durchgesetzt. Erst vor etwa 200 bis 300 Jahren wurde die Verbindung von Liebe, Sexualität und Ehe zum Ideal – verbunden mit einer festen Rollenteilung für Frau und Mann. Dieses Ehemodell des Bürgertums war aber damit lange noch nicht für alle Menschen die Norm.

In den letzten 70 Jahren wandelte sich dieses Bild weiter: Immer mehr Frauen verfolgen inzwischen eine eigene Karriere, was zu einem veränderten wirtschaftlichen Status der Frauen führt – und zu einer neuen Situation innerhalb von Beziehungen.

Vielleicht möchten Sie in Ihrer Rede auf solche Aspekte eingehen? Sie können dadurch besonders betonen, dass für das Brautpaar heute die Liebe der Heiratsgrund Nummer eins ist – was für ein Glück!

Eine Hochzeitsreise um die Welt

Gerade in südeuropäischen Ländern wie etwa Griechenland oder Italien ist die Hochzeit in der Regel ein sehr wichtiges und eher traditionelles Fest. Und in jedem Land gibt es ganz spezielle Rituale, die für uns interessant anmuten: So wird in Nordeuropa zwar ähnlich wie in Deutschland geheiratet, allerdings am liebsten in den Tagen des Mittsommers. Diese Entscheidung hat natürlich vor allem jahreszeitliche Gründe. In vielen asiatischen Ländern ist das Datum der Eheschließung aus anderen Gründen sehr wichtig: Die Hochzeit soll an einem Tag stattfinden, an dem das Schicksal dem Brautpaar besonders wohlgesonnen ist. Der optimale Hochzeitstag wird zuvor per Horoskop bestimmt. Wahrsager und Astrologen werden um Rat gefragt, um diesen besonderen Tag gut zu wählen.

Richtig angezogen für den schönsten Tag ...

Bei kaum einem Ereignis ist die Kleidung so wichtig wie bei Hochzeiten. Die alten Römer heirateten in einer Tunika, dazu eine Stola, einen Schleier und Sandaletten in Gelb. Unsere Vorfahren im Mittelalter heirateten in Purpurrot. Erst seit ungefähr 200 Jahren ist es bei uns üblich, dass Frauen in Weiß heiraten – ein Symbol für die Unschuld und Reinheit der Braut.

Tipp

Vielleicht stammt ein Partner des Hochzeitspaars aus einem anderen Land? Dann ist es eine schöne Geste, wenn Sie in Ihrer Rede auch auf seinen kulturellen Hintergrund eingehen. Fragen Sie dafür ruhig Freunde und Bekannte des Paares nach interessanten Details.

27. Hat die Hochzeit ein Motto?

Wie sieht der Rahmen der Hochzeit aus, auf die Sie eingeladen sind? Ist es eher eine Feier im kleinen Kreis oder ein großes, klassisches Hochzeitsfest? Auch daran sollte sich Ihre Rede orientieren.

Farben, Zeiten, Leidenschaften: Gibt es eine Themenhochzeit?

Nach wie vor erfreuen sich so genannte Themenhochzeiten großer Beliebtheit. Vielleicht sind Sie auf eine solche eingeladen? Dann ist es natürlich wichtig, dass Ihre Rede zum Thema des großen Tages passt!
Das Motto, für welches das Brautpaar sich entschieden hat, durchzieht die gesamte Feier – angefangen von der Gestaltung der Einladungskarten bis hin zur Tischdekoration. Das kann eine Zeitreise in eine andere Epoche oder ein gemeinsames Hobby ...
Wenn es ein solches Motto gibt, haben Sie schon auf der Einladung davon erfahren. Oft wünscht sich das Brautpaar dann ja auch, dass die Gäste entsprechend angezogen sind. Eine solche Themenhochzeit gibt zwar einerseits eine bestimmte Richtung vor – aber gerade das kann für eine Rede auch sehr hilfreich sein, denn man kann diese besser vorbereiten und hat durch das Motto der Feier wahrscheinlich auch schon eine Idee.

So kreieren Sie die passende Rede

Nutzen Sie bei Ihrer Recherche auch die Möglichkeiten, die Ihnen das Internet bietet. Sicher helfen Ihnen die folgenden Ideen und Aspekte bei der Vorbereitung Ihrer Hochzeitsrede weiter:

- Begeistert sich das Brautpaar für ein Thema aus dem Freizeitbereich? Dann sammeln Sie Informationen rund um das Hobby, um welches das Fest sich dreht. Ein bestimmter Tanzstil? Wintersport? Hier lassen sich auch Parallelen zu Eigenschaften ziehen, die für die Beziehung des Paares ebenfalls wichtig sind (gemeinsam ein Ziel verfolgen, Durchhaltevermögen, Disziplin und ähnliches).
- Reise in eine andere Epoche: Gibt es einen Dichter oder einen anderen charismatischen Menschen, der in dieser Zeit gelebt hat und Worte hinterlassen hat, die Sie in Ihrer Rede verwenden können?
- Hochzeit in Tracht: Wenn das Paar sich für eine Feier mit solch deutlichem regionalen Bezug entscheidet, freut es sich bestimmt auch über eine Rede, die ein entsprechendes Zitat enthält: Das Zitat einer lokalen Berühmtheit, ein passender Spruch in Mundart (siehe auch → 32. Individuelle Gedichte und Verse) – solche Ideen kommen hier sicher gut an.
- Feiern Sie an einem besonderen Ort? Auf einer Burg? Oder auf einem Schiff? Dann bieten sich zum Beispiel Hinweise an auf eine Reise über das Meer des Lebens, darauf, dass man gemeinsam in einem Boot sitzt …
- Bezieht sich das Fest auf ein bestimmtes Land oder eine Region? Vielleicht, weil die Braut oder der Bräutigam von dort kommt? Dann zitieren Sie einen Dichter oder eine andere Berühmtheit aus diesem Land, oder Sie beziehen sich auf dortige Hochzeitsbräuche.

Tipp

Sicher üben Sie Ihre Rede vor dem großen Tag einige Male. Dabei ist es gut, auch schon die Kleidung anzuziehen, die Sie zum Hochzeitsfest tragen werden. Wenn diese Ihnen bereits vertraut ist, gibt Ihnen das für Ihren Auftritt zusätzlich Sicherheit.

28. Reden und Geschenke

Die Hochzeitsrede und ein Geschenk: Das passt gut zusammen! Wenn Sie ein Geschenk überreichen, haben Sie gleich ein unverwechselbares Thema für Ihren Auftritt gefunden!

Geschenke als persönliche Geste

Ein Geschenk sollte immer individuell sein und zeigen, dass Sie über die Wünsche des Beschenkten nachgedacht haben – das gilt natürlich besonders für einen solch wichtigen Anlass. Die normalen „Aussteuergeschenke" sind heute meist nicht mehr in dem Umfang nötig wie zu früheren Zeiten, da das Brautpaar nicht selten schon einen gemeinsamen Hausstand hat oder beide bereits in einer eigenen Wohnung gelebt haben, die meisten Dinge des Alltags also schon vorhanden sind. Oft gibt das Brautpaar deshalb bereits in seiner Einladung an, was es sich wünscht. Häufig ist das der Beitrag zu einem größeren Wunsch, den sich das Paar erfüllen möchte. In diesem Fall können Sie sich mit einer finanziellen Gabe beteiligen. Das Wissen um einen solchen Wunsch hat den Vorteil, dass Sie sich in Ihrer Rede auf diesen Traum beziehen können (siehe auch → 24. Zitate für „Ihr" Paar?).

Ganz besondere Geschenke

Gerade wenn Sie mit dem Brautpaar eng befreundet oder verwandt sind, ist es eine schöne Idee, ein individuelles Präsent zu gestalten – am originellsten sind die Geschenke, die sehr konkret mit dem Brautpaar zu tun haben und von mehreren Gästen gemeinsam gestaltet wurden.
Kennen Sie die Gästeliste? Dann können Sie per E-Mail oder Brief Kontakt aufnehmen und jeden bitten, sich an der Vor-

bereitung zu beteiligen. Oft genügt es, wenn jeder nur einen sehr kleinen Beitrag leistet – das Ergebnis insgesamt ist dann umso schöner!

- Das Kochbuch der Liebe: Jeder Gast gibt sein Lieblingsrezept an – wenn möglich, mit einem schönen Bild dazu (ein Foto oder auch eine witzige Illustration). Diese Rezepte fassen Sie dann in einem Ordner zusammen, oder Sie lassen alle Blätter in einem Copyshop binden. Das Resultat: ein sehr persönliches Geschenk von allen Gästen.
- Beste Nachrichten: Auch das Überreichen einer Hochzeitszeitung lässt sich gut mit Ihrer Rede verbinden. Beim Gestalten einer solchen Zeitung sind Ihrer Fantasie keine Grenzen gesetzt. Mögliche Inhalte können auf das Brautpaar zugeschnittene „Artikel" sein, passende Comics, ein witziges Ehe- und Liebeslexikon, ein Ehe-Horoskop (das natürlich beste Aussichten verheißt), die Kennenlern-Geschichte Ihres Paares, Kinderfotos der beiden Partner, Gedichte und Liedtexte. Auch Festreden können Sie aufnehmen, wenn Sie mit den anderen Rednern Kontakt bekommen und diese ihre Rede rechtzeitig vorbereiten.
- Ein Bild von einer Rede: Eine besonders gestaltete Erinnerung haben Sie, wenn Sie zu Ihrer Rede eine passende Karte kreieren. Das kann eine lustige Collage sein, aber auch eine schön geschrieben und (per Hand oder mit dem Computer) gestaltete Version des Sinnspruchs oder Zitats, um das sich Ihre Rede dreht.

Beispiel

„... Ein Essen bei Freunden – so fing eure Liebe damals an. Daran haben wir uns erinnert und unsere besten kulinarischen Ideen zusammengetragen. Ich überreiche euch das Ergebnis mit dem Wunsch, dass auch in eurer Ehe immer genau die richtige Prise Salz in der Suppe und Pfeffer am Braten sein möge ..."

29. Schöne Hochzeitsüberraschungen

Warum nicht Ihre Hochzeitsrede mit einer kreativen Überraschung für das Paar verbinden? So bleiben Sie sicher allen in guter Erinnerung, bereichern das Fest auf unvergessliche Art und haben selbst ein positives Erlebnis.

Live-Aktionen beim Fest

Oft ist es schwierig, ein Gemeinschaftsgeschenk (→ 28. Reden und Geschenke) vorzubereiten, weil man nicht alle Gäste kennt oder nicht jeden rechtzeitig erreichen kann, um entsprechende Beiträge termingerecht zu erhalten. Aber auch während der Feier lassen sich – mit entsprechender Vorbereitung – noch viele schöne Ideen gemeinsam umsetzen. Das Ergebnis: Ein Geschenk, welches das Hochzeitspaar noch lange nach der Feier immer wieder an diesem besonderen Tag erinnern wird.

Ideen für ein besonderes Fest

Am besten bereiten Sie etwas vor, das allen Gästen die Gelegenheit gibt, durch eine Unterschrift oder einen Gruß in Erinnerung zu bleiben. Verteilen Sie – vom Brautpaar unbemerkt – an die Gäste Stifte und reichen Sie den Gegenstand, der beschriftet werden soll, herum. Ist dieser zu groß (ein Plakat oder ähnliches), muss er so platziert werden, dass alle Gäste ihn bemerken können. Sie sollten dann am Anfang des Festes zudem dafür sorgen, dass die anderen Gäste von der Idee erfahren.

Zugegeben: Ein bisschen Organisationstalent braucht das schon, aber die Freude des Brautpaars wird sicher groß sein. Hier einige Anregungen:

- Ein Schirm über der Ehe

  Nehmen Sie einen großen Schirm mit – am besten in einer hellen Farbe, vielleicht sogar weiß. Dazu legen Sie einige wasserfeste Stifte parat, sodass im Laufe der Feier alle Gäste auf dem Schirm unterschreiben können. In Ihrer Rede können Sie darauf Bezug nehmen (→ Kasten unten).
- Eine Kiste der Erinnerung

  Verteilen Sie bunte Karten und Stifte. Die anderen Gäste gestalten die Karten mit guten Wünschen, Grüßen, Zeichnungen ... Dann packen Sie alle in eine Kiste, die dem Brautpaar überreicht wird. So hat es eine schöne Erinnerung an die Hochzeit.
- „Wir waren hier!" – die Plakatwand

  Hängen Sie eine große leere „Schreibtafel" aus Packpapier oder einen großen Zeichenkarton an einer gut sichtbaren Stelle auf. Legen Sie Stifte daneben und animieren Sie einige Gäste dazu, sich darauf zu verewigen, sodass alle anderen vorbeikommenden Gäste sehen, wozu das Plakat dienen soll. Zum Schluss rollen Sie es zusammen und überreichen es dem Brautpaar als Erinnerung.

Beispiel

Wenn Sie zum Beispiel einen Schirm für die Unterschriften vorbereitet haben, können Sie in Ihrer Rede Schirm und Wetter thematisieren, etwa so: „Nicht jede Wolke erzeugt ein Gewitter – das wusste schon Shakespeare. Sollte doch einmal ein Gewitter für euch losbrechen, wünsche ich euch, dass euch eure Liebe wie dieser Schirm schützt und ihr schließlich gemeinsam den nachfolgenden Regenbogen bestaunen könnt."

30. Romantik pur: Liebeslieder

Singen sollten Sie Ihren Hochzeitsgruß wirklich nur, wenn Sie musikalischer Profi sind. Aber eine passende Liedzeile zu zitieren, ist eine gute Idee, mit der Sie Ihre Rede ganz individuell und pfiffig gestalten können.

Passende Liebeslieder finden

Setzen Sie bei Ihrer Hochzeitsrede Lieder am besten in Form eines Zitates ein (→ 9. Das Einmaleins des Zitierens) – also nur eine wichtige Zeile, den Titel oder den Refrain aufgreifen und zum Thema Ihres Vortrags machen.
Wichtig ist dabei vor allem, dass das Hochzeitspaar wirklich einen Bezug zum Lied hat. Bringen Sie dafür in Erfahrung, ob die beiden ein „Kennenlernlied" oder ein gemeinsames Lieblingslied haben.
Viele Anregungen und auch die Texte der meisten modernen Lieder finden Sie inzwischen im Internet (→ hilfreiche Links unter 45. Internetadressen, die weiterhelfen).

Im Walzertakt oder zu Rockmusik?

Vielleicht hat das Brautpaar auch gemeinsame musikalische Vorlieben, die Sie auf eine passende Art thematisieren können? Sie könnten Klassikliebhabern für ihre Beziehung die Intensität eines Stücks von Tschaikowski wünschen – oder die Beständigkeit, mit der klassische Musik noch heute Menschen begeistert.
Individuell passend kann es auch sein, die Vorliebe für eine bestimmte Musikrichtung in der Rede zu erwähnen – aber wirklich nur, wenn diese Leidenschaft für beide Partner eine große Bedeutung hat.

Zitate von Musikern

Ihr Brautpaar hat eine Vorliebe für einen bestimmten Komponisten oder Sänger? Dann macht es sich besonders gut, wenn Sie einen zur Hochzeit passenden Ausspruch dieses Musikers in Ihrer Rede verwenden. Einige passende Beispiele finden Sie hier.

Die Musik spricht nicht die Leidenschaft, die Liebe, die Sehnsucht dieses oder jenes Individuums in dieser oder jener Lage aus, sondern die Leidenschaft, die Liebe die Sehnsucht selbst.
Richard Wagner, deutscher Komponist und Dirigent (1813–1883)

Eine Menge Leute haben Angst zu sagen, was sie möchten. So bekommen sie auch nicht, was sie möchten.
Madonna, amerikanische Popsängerin (*1958)

„... es ist ordentlich unbegreiflich wie und auf welche Art sich der Gedanke an ein geliebtes Wesen sich in alles mengt; immer die vorherrschende Farbe ist, immer der Maasstab zu allem, kurz wie ein in das Lebensgewebe gewirkter Faden sich mit allen Krümmungen, Freuden und Leiden desselben vereinigt."
Carl Maria von Weber, deutscher Komponist, Dirigent und Pianist (1786–1826), in einem Brief an Caroline Brandt, 1. Juli 1814

Beispiel

„... und so wünsche ich Euch, liebe Sandra, lieber Markus, dass Ihr die Leidenschaft, Freude und Harmonie, die Ihr als Paar beim Tango verkörpert, auch immer in Eurer Beziehung behaltet!"

31. Romantische Liebesgedichte

Zu allen Zeiten haben Menschen versucht, das Phänomen der Liebe in Worte zu fassen. Wunderschöne Gedichte sind dabei entstanden, die uns noch heute begeistern.

Für den Einsatz von Gedichten gilt ähnlich wie bei den Liebesliedern der Grundsatz, nur einen treffenden Part aus dem Werk herauszugreifen. Rezitieren Sie keine vollständigen Gedichte, da das Ihre Zuhörer zu lange beansprucht – das Gedicht soll ja für eine Idee stehen, die Sie in Ihrer Rede zum Thema machen, und nicht in Gänze vorgetragen werden. Auf diesen Seiten finden Sie einige Anregungen.
Klassiker wie Johann Wolfgang von Goethe oder Friedrich Schiller haben natürlich auch zum wichtigen Thema Liebe etwas zu sagen gehabt – Sie finden in diesem Buch auf den Zitate-Seiten Beispiele dafür, aber noch umfangreichere Informationen natürlich im Internet oder anderen Büchern (Empfehlungen siehe Anhang). Hier stellen wir Ihnen noch drei Dichter vor, die das Thema Liebe in ergreifende Worte fassen konnten.

Ideen für Romantiker

- Erich Fried (1921–1988) war einer der bekanntesten deutschsprachigen Lyriker des 20. Jahrhundert. Fried war Österreicher, Jude und ein sehr politischer Mensch. Seine wunderbaren Liebesgedichte sind anrührend und werden sicher die meisten Menschen begeistern.
  „... Es ist leichtsinnig – sagt die Vorsicht
  Es ist unmöglich – sagt die Erfahrung
  Es ist was es ist – sagt die Liebe."
  (aus dem Gedicht „Was es ist")

- **Khalil Gibran** (1883–1931) war ein libanesischer Dichter, Maler und Philosoph. Seine Werke beschäftigen sich vor allem mit Gedanken zum Leben, zur Liebe und zum Tod und verbinden orientalische Philosophie mit westlichen Idealen. Sehr bekannt sind Werke wie „Der Prophet" in dem interessante, sehr poetische Überlegungen zu Liebe, Ehe und menschlichen Beziehungen überhaupt enthalten sind.
  „... Lasst Raum zwischen euch.
  Und lasst die Winde des Himmels zwischen euch tanzen.
  Liebt einander, aber macht die Liebe nicht zur Fessel:
  Lasst sie eher ein wogendes Meer zwischen den Ufern
  eurer Seelen sein."
  (aus „Der Prophet"; Von der Ehe)

- **Rainer Maria Rilke** (1875–1926) hieß mit vollem Namen René Karl Wilhelm Johann Josef Maria Rilke. Er war ein österreichischer Lyriker, Schriftsteller und Übersetzer, bekannt wurde er auch durch seine umfangreichen Briefwechsel. Mit Rilke zitieren Sie einen Klassiker. Das sollte zu Ihrem Publikum passen (siehe auch → 5. Tipps zur Vorbereitung).
  „O Lächeln, erstes Lächeln, unser Lächeln.
  Wie war das Eines: Duft der Linden atmen,
  Parkstille hören –, plötzlich in einander
  aufschaun und staunen bis heran ans Lächeln."
  (aus dem Gedicht „Liebesanfang")

Tipp

Möchten Sie einen Klassiker in Ihrer Rede aufgreifen? Dieses Gedicht von Goethe passt zur Hochzeit – und man kann es immer wieder hören: „Freudvoll und leidvoll, gedankenvoll sein. Hangen und bangen in schwebender Pein, himmelhoch jauchzend, zum Tode betrübt – glücklich allein ist die Seele, die liebt."

32. Individuelle Gedichte und Verse

Natürlich sind Sie mit einem klassischen Liebesgedicht immer auf der sicheren Seite. Wenn Sie aber wissen, dass Ihr Brautpaar Humor hat oder es einen besonderen Aspekt in der Geschichte des Paares gibt, kommen Sie auch mit einem originellen Gedicht gut an.

Liebe und Lachen – Gedichte, die Spaß machen

- Joachim Ringelnatz (1883–1934), Schriftsteller, Maler, Seemann und Kabarettist aus Sachsen, hat viel geschrieben, das allen gefallen wird, die hintergründigen, sehr speziellen Humor lieben.
  „Ich hab dich so lieb! Ich würde dir ohne Bedenken
  Eine Kachel aus meinem Ofen schenken."
  (aus dem Gedicht „Ich hab Dich so lieb")

- Franz Kafka kennen die meisten nur von seiner ernsthaften Seite. Er hat aber auch Gedichte und Aussprüche hinterlassen, die auf eine versteckte Art Humor beweisen, und auch auf eine Hochzeit passen – etwa dieser: „Die Liebe ist so unproblematisch wie ein Fahrzeug. Problematisch sind nur die Lenker, die Fahrgäste und die Straße."

Tipp

Das Brautpaar lacht gern – und stammt sogar aus Bayern? Dann können Sie es mit einem guten Spruch von Karl Valentin versuchen: Bayerischer Humor ist hier gefragt!

Werden Sie selbst zum Dichter!

Sie haben eine eigene Idee, die Sie in Worte fassen möchten? Trauen Sie sich ruhig, denn selbst wenn das von Ihnen verfasste Gedicht nicht hundertprozentig perfekt wird, so ist es doch eines der persönlichsten Geschenke, das Sie dem Brautpaar machen können. Beginnen Sie zunächst mit einer Ideensammlung (→ 1. Anfangen leicht gemacht).

Haben Sie sich entschieden, ob Sie ein persönliches Gedicht auf die Jungvermählten verfassen oder einen eher allgemeinen Gedanken zum Thema Liebe, Ehe und Glück ausführen möchten, notieren Sie alles, was Ihnen dazu einfällt. Soll Ihr Gedicht sich reimen, halten Sie bei dieser Gelegenheit auch gleich alle Wörter fest, die sich auf die bereits gefundenen Begriffe reimen.

Daraus bauen Sie im nächsten Schritt das Grundgerüst: Sortieren Sie die gesammelten Ideen und Informationen und bringen Sie diese in eine sinnvolle Reihenfolge. Nachdem das geschafft ist, beginnt der kreative Part, denn jetzt geht es ans Ausformulieren. Dabei dürfen Sie Ihrer Fantasie freien Lauf lassen. Drehen und wenden Sie die Worte solange, bis Sie das Gefühl haben, das alles „rund“ klingt.

Tipp

Hier die wichtigsten Reimfolgen:

- Paarreim (aa bb cc ...); jeweils zwei aufeinanderfolgende Zeilen reimen sich.
- Kreuzreim (abab cdcd ...); hier reimen sich erste und dritte, zweite und vierte, fünfte und siebte Zeile.
- Umarmender Reim (abba cddc ...); jeweils ein Paarreim wird von einem zweiten Reim „umarmt“.
- Haufenreim (aaaa bbbb ...); der gleiche Reim wird mehr als zwei Mal wiederholt.

33. Berühmte Liebespaare damals und heute

Das Brautpaar erinnert Sie an ein anderes Liebespaar? Noch dazu an ein bekanntes? Dann nutzen Sie diese Parallele doch für Ihre Rede. Eine Auswahl berühmter Liebespaare finden Sie auf diesen Seiten.

Mumtaz Mahal und Shah Jahan

Shah Jahan herrschte als Großmogul von Indien zwischen 1627 und 1658. Als seine Lieblingsfrau Mumtaz Mahal bei der Geburt ihres 14. Kindes starb, ließ er ihr in Agra ein prachtvolles Grabmal errichten, das bis heute als Symbol ewiger Liebe gilt – der weltberühmte Taj Mahal. Am Bau des 58 Meter hohen und 56 Meter breiten Mausoleums waren mehr als 20.000 Handwerker beteiligt.

Christiane und Johann Wolfgang von Goethe

Die Liebe zwischen dem berühmten Dichter, Naturwissenschaftler und Staatsmann Goethe und der aus eher ärmlichen Verhältnissen stammenden Christiane Vulpius wurde damals sowohl vom Weimarer Hof als auch der Gesellschaft lange Zeit als unstandesgemäß abgelehnt. Trotzdem heirateten die beiden am 19. Oktober 1806. Die glückliche Verbindung regte Goethe übrigens zu seinen heitersten Gedichten an, wie zum Beispiel „Ich ging im Walde so für mich hin“.

Marie und Pierre Curie

Ein schönes Beispiel dafür, wie gut sich zwei Menschen sowohl beruflich als auch privat ergänzen und inspirieren können. Die polnische Chemikerin und Physikerin Maria Salomea Sklodowska und der französische Physiker Pierre Curie lernten sich im Rahmen ihrer Arbeit kennen und lieben. Die Heirat fand am 26. Juli 1895 statt. 1903 erhielt das Paar für seine Arbeiten über Radioaktivität zusammen mit dem Physiker Antoine Henri Becquerel den Nobelpreis für Physik.

Wallis Simpson und Edward VIII.

Der Wunsch König Edwards VIII., seine Geliebte Wallis Simpson, eine bereits zweimal geschiedene Amerikanerin, notfalls auch gegen den Willen der Regierung zu heiraten, führte im Jahre 1936 zu einer handfesten Verfassungskrise im Vereinigten Königreich und schließlich zur Abdankung Eduards. Ein Jahr später heirateten die beiden allen Widerständen zum Trotz. Die Ehe des Herzogs und der Herzogin von Windsor hielt 35 Jahre bis zu Eduards Tod.

Weitere berühmte Paare

Echnaton und Nofretete, Julius Cäsar und Kleopatra, Clara und Robert Schumann, Cosima und Richard Wagner, Gala und Salvador Dalí, Simone de Beauvoir und Jean-Paul Sartre, Jackie und John F. Kennedy, Yoko Ono und John Lennon, Ingrid Bergmann und Roberto Rossellini, Fürstin Gracia Patricia und Fürst Rainier von Monaco, Heidi Klum und Seal, Steffi Graf und Andre Agassi …

Beispiel

„Der bekannte Schriftsteller Oscar Wilde und sein Geliebter Lord Alfred Douglas wurden für ihre Liebe verfolgt und eingesperrt. Und auch heute noch stößt die Liebe zwischen zwei Männern nicht selten auf Vorbehalte in unserer Gesellschaft. Umso mehr freut es mich, euch, lieber Toralf, lieber Klaus, heute zu euerm Jawort gratulieren zu dürfen …"

34. Berühmte Leinwand-Liebespaare

Auch Paare, die nur auf der Leinwand existieren, können in der Rede eine Rolle spielen. Denn ihre Geschichte kann besonders anschaulich die Kraft der Liebe mit all ihren Hindernissen und Verwicklungen zeigen.

Katharine Hepburn und Humphrey Bogart

Sie beweisen als altjüngferliche Methodistenschwester Rose Sayer und raubeiniger Kapitän Charlie Allnut in dem Film „African Queen", dass auch aus zwei streitsüchtigen Dickköpfen ein glückliches Paar werden kann. (The African Queen, USA/Großbritannien 1951)

Romy Schneider und Karlheinz Böhm

Als Kaiserin Elisabeth und Kaiser Franz Joseph sind sie bis heute das Traumpaar des deutschen Kinos. (Sissi, Österreich 1955; Sissi – die junge Kaiserin, Österreich 1956; Sissi – Schicksalsjahre einer Kaiserin, Österreich 1957)

Doris Day und Rock Hudson

In der Romantikkomödie „Bettgeflüster" spielen sie als Schlagerkomponist Brad Allen und Innenarchitektin Jan Morrow frei nach dem Motto: Was sich liebt, das neckt sich. (Pillow Talk, USA 1959)

Debra Winger und Richard Gere

Als Fabrikarbeiterin Paula Pokrifi und Offiziersanwärter Zack Mayo geben die beiden in „Ein Offizier und Gentleman" ein echtes Hollywood-Märchen mit großem Happy-End. (An Officer and a Gentleman, USA 1982)

Holly Hunter und Harvey Keitel

Sie spielen Ada und Georges Baines, zwischen denen sich im Film „Das Piano" eine verbotene Beziehung entwickelt, in deren Verlauf die stumme Klavierspielerin Ada die Fesseln der prüden viktorianischen Moral abstreift und sich selbst findet. (The Piano, Frankreich 1992)

Andie McDowell und Hugh Grant

Die beiden benötigen als Carrie und Charles im gleichnamigen Film vier Hochzeiten und einen Todesfall, um schließlich doch noch zueinander zu finden. (Four Weddings and a Funeral, Großbritannien 1993)

Gwyneth Paltrow und Joseph Fiennes

In „Shakespeare in Love" als Viola De Lesseps und Will Shakespeare beweisen sie, wie inspirierend die Liebe sein kann. (Shakespeare in Love, Großbritannien 1998)

Nicole Kidman und Jude Law

Sie spielen in „Unterwegs nach Cold Mountain" als Ada und Inman ein durch den Bürgerkrieg getrenntes Paar, das Tod und Teufel überwindet. (Cold Mountain, Großbritannien/Rumänien/Italien 2003)

Beispiel

„Genau wie Toula Portokalos und Ian Miller in My Big Fat Greek Wedding habt auch ihr, liebe Sabine und lieber Mahmud, euch nicht von Vorbehalten und kulturellen Hindernissen aufhalten lassen. Ganz im Gegenteil, all die Widerstände haben euch noch enger zusammengebracht! Gut so! Denn so dürfen wir heute ebenfalls eine große, lustige Hochzeit feiern – wie im Film ..."

35. Liebespaare aus Mythologie und Literatur

Berauschende Leidenschaft, unüberwindliche Hindernisse, Liebe, Eifersucht und Sehnsucht – all das findet sich in den großen Liebesgeschichten der Weltliteratur. Und vielleicht entdecken Sie ja hier ein Paar, dass Sie für Ihre Rede inspiriert ...

Literatur von der antiken Sagenwelt bis heute

Psyche, die schöne Königstochter, musste der antiken Erzählung zufolge gefährliche und schwierige Aufgaben bewältigen, bevor sie und ihr Geliebter Eros – der Sohn der Liebesgöttin Aphrodite – die Erlaubnis erhielten zu heiraten. Für die Erzählforschung ist „Amor und Psyche“ die älteste schriftliche Fassung eines Märchens.

Die Geschichte von Tristan und Isolde gehört zu den Stoffen, die in der erzählenden Literatur des Mittelalters von zahlreichen Dichtern unterschiedlicher Nationalitäten bearbeitet wurde. Die Legende, in deren Verlauf die Liebenden alle gesellschaftlichen und religiösen Normen der damaligen Zeit brechen, endet mit dem tragischen Tod der Hauptfiguren.

Besonders bemerkenswert an der Beziehung des griechischen Sagenhelden Odysseus und seiner aus Sparta stammenden Frau Penelope ist die unerschütterliche Treue Penelopes. Trotz der jahrelangen Abwesenheit des Helden widersteht sie allen Werbungen und hält fest zu ihrem Mann. Die Abenteuer des Odysseus wurden in der Literatur immer wieder aufgegriffen und 1954 beziehungsweise 1997 auch verfilmt.

Quasimodo und Esmeralda in „Der Glöckner von Notre Dame“: In seinem historischen Roman beschreibt der französische Schriftsteller Victor Hugo die tragische Liebe zwischen dem missgestaltetem Findelkind Quasimodo und der Zigeunerin Esmeralda. Das 1831 erschienene Werk war Vorlage für zahlreiche Verfilmungen, eine Oper und ein Musical.
Rhett Butler und Scarlett O'Hara in „Vom Winde verweht“: Der 1936 erschiene Roman von Margaret Mitchell spielt in den Südstaaten der USA zur Zeit des Sezessionskrieges und wurde zu einem Weltbestseller.
Robin Hood und seine Braut Lady Marian. Zu diesem Paar aus einer englischen Legende erübrigt sich dank zahlloser Verfilmungen (unter anderem 1991 mit Kevin Costner und Mary Elizabeth Mastrantonio) jede weitere Ausführung.
Romeo Montague und Julia Capulet aus William Shakespeares „Romeo und Julia“ sind – von Adam und Eva einmal abgesehen – wohl das bekannteste Liebespaar der Literaturgeschichte. Die mit dem Doppelfreitod des Paares endende Tragödie wurde 1597 erstmals veröffentlicht.
Tomas und Teresa in Milan Kunderas 1984 veröffentlichtem Roman „Die unerträgliche Leichtigkeit des Seins“: Die zur Zeit des Prager Frühlings spielende Geschichte des erfolgreichen Chirurgen, der durch zahlreiche Affären seine Ehe aufs Spiel setzt, sich letztlich aber doch für die Liebe zu seiner Frau entscheidet, zählt zu den großen Romanen der 1980er Jahre.

Tipp

Die Liebe „Ihres“ Brautpaares ist mindestens so groß wie die von Orpheus, der für seine Eurydike in die Unterwelt stieg? Dann werden Sie doch selbst schriftstellerisch tätig und halten keine Rede, sondern veranstalten eine Lesung aus Ihrem neuesten Werk, das die Geschichte des jungen Glücks erzählt.

36. Glück durch Hochzeitsbräuche

Hochzeitsbräuche gehören auch heute noch zu jeder Hochzeit. Einige dieser uralten Traditionen, die das Brautpaar vor bösen Geistern schützen und ihm Glück und Kindersegen bescheren sollen, lassen sich ganz wunderbar mit Ihrer Rede kombinieren.

Liebe geht durch den Magen

Brot und Salz

Einem uralten Brauch zufolge müssen Braut und Bräutigam zuerst gemeinsam Brot und Salz essen, ehe sie endgültig Mann und Frau sind. In vielen Regionen und Ländern wird zu diesem Zweck ein spezielles Hochzeitsbrot gebacken, das auch an die Gäste verteilt wird – je mehr Menschen davon essen, umso mehr Glück soll es bringen. Eine schöne Geste und ein prima Auftakt beziehungsweise Abschluss für Ihre Rede. Entsprechende Rezepte finden Sie unter anderem im Internet.
Übrigens: Häufig heben die Brautleute den Brotanschnitt auf, damit es ihnen nie an Brot beziehungsweise Nahrung mangele. Aus dem Anschnitt kann man angeblich auch ablesen, ob die Ehe glücklich wird: kein Schimmel – ungetrübtes Glück ...

Hirsebrei für finanziellen Wohlstand

Dem Aberglauben nach verspricht es finanziellen Wohlstand, wenn das Brautpaar gemeinsam eine Portion Hirsebrei isst. Die unzähligen Hirsekörnchen stehen nämlich für Münzen, welche das Paar gleichzeitig mit dem Brei verzehrt. Warum also Braut und Bräutigam nicht einen (kleinen) Teller Hirsebrei servieren. Schließlich sind Geldsorgen etwas, das ein junges Paar überhaupt nicht brauchen kann ...

Kluge Worte in süßer Verpackung

In Finnland ist es Brauch, dass die Braut vor der Hochzeit zusammen mit ihren Freundinnen Bonbons zubereitet. Diese werden traditionell in rotes und blaues Papier eingewickelt, auf dem jeweils ein kluger Spruch steht, und auf der Hochzeit verteilt. Wandeln Sie diese „süße“ Idee leicht ab und überreichen Sie dem Brautpaar am Ende Ihrer Rede ein kleines Geschenk aus selbst hergestelltem Naschwerk – verbunden mit den besten Wünschen für die gemeinsame Zukunft.

Das Glück zum Blühen gebracht

Durch die Blume gesagt

Der Rosmarin war früher eine traditionelle „Brautpflanze“, die in keinem Brautstrauß fehlen durfte. Nach der Hochzeit steckte das Ehepaar einen Zweig aus dem Strauß in die Erde, in der Hoffnung, dass er anwuchs. Denn das wurde als gutes Vorzeichen für eine glückliche Ehe angesehen. Lassen Sie diese Tradition wieder aufleben und überreichen Sie dem Brautpaar im Rahmen Ihrer Rede einen Zweig Rosmarin.

Beispiel

Ein beliebter Hochzeitsbrauch, den Sie ebenfalls für Ihre Rede nutzen können, ist das Pflanzen eines Baumes. Schenken Sie dem Brautpaar einen Baum in einem Pflanzkübel, den es dann als Andenken in den eigenen Garten (oder an einem anderen besonderen Ort) pflanzen kann. Eine Alternative ist natürlich auch das Überreichen eines entsprechenden Gutscheins für den Einkauf in einer Baumschule. Dazu könnten Sie dann beispielsweise sagen: „Möge eure Liebe ebenso gedeihen wie er und stark verwurzelt allen Stürmen trotzen, die euch auf eurem gemeinsamen Lebensweg möglicherweise erwarten. Auf eure Liebe und das immerwährende Glück!“

37. Schützende Hochzeitsbräuche

Hochzeitsbräuche sollten vor allem die bösen Geister und Dämonen verscheuchen, die dem Paar sein Glück nicht gönnten. So sollte beispielsweise das Über-die-Schwelle-Tragen der Braut die unter der Tür lauernden Geister glauben machen, der Bräutigam wäre allein ...

Kampf den bösen Geistern

Die Farbe Blau

Um das Brautpaar in der Hochzeitsnacht vor Angriffen böser Geister zu beschützen, waren die Hochzeitsbetten früher blau bemalt. Leider ist nicht überliefert, warum ausgerechnet die Farbe Blau so abschreckend auf Dämonen wirkt, aber es verleiht Ihrem Vortrag sicher eine humorvolle Noten, wenn Sie zum Schluss der Braut und dem Bräutigam eine Garnitur blaue Bettwäsche überreichen – natürlich mit dem entsprechenden Hinweis auf diesen alten Brauch.

Die schützende Kraft der Blumen

Auch in Thailand gibt es böse Geister, die dem Brautpaar schaden wollen. Um sich vor ihnen zu schützen, trägt es dort eine Blumengirlande. Wäre das nicht auch eine Idee für „Ihr" Brautpaar? Typische Hochzeitsblumen sind Rosen, Lilien, Veilchen, Vergissmeinnicht sowie der Efeu, die Myrte und der Rosmarin (→ 35. Glück durch Hochzeitsbräuche). Aber natürlich darf auch die Lieblingsblume der Braut (beziehungsweise des Bräutigams) nicht fehlen. Verzieren Sie das Ganze zusätzlich mit roten Bändern, ebenfalls ein wirksames Abschreckungsmittel. Lassen Sie sich gegebenenfalls von Ihrem Floristen beraten.

Die Himmelslaterne

... auch Feuerlaterne oder Skylaterne genannt, stammt aus Asien. Dort wird sie bis heute zu besonderen Anlässen wie dem traditionellen Neujahrsfest Loi Krathong verwendet, um Wünsche, die in die Laterne geflüstert oder auf sie geschrieben werden, in den Himmel steigen zu lassen. Man sagt, das befreie von Unglück, Armut, Krankheit und Leiden und zeige den Beginn eines neuen, glücklichen Lebens. Bitten Sie doch zum Abschluss Ihrer Rede alle Gäste, dem Brautpaar zusammen mit Ihnen zu gratulieren. Fordern Sie sie auf, ihre guten Wünsche für das Paar auf die – bereitstehenden – Himmelslaternen zu schreiben, um diese dann gemeinsam (vielleicht als romantischen Abschluss der Feier?) in den Nachthimmel zu entlassen. Den gleichen Zweck erfüllen übrigens auch kleine Kärtchen, die an heliumgefüllte (Herz-)Luftballons gehängt werden.

Beispiel

Sie als frisch gebackener Schwiegervater wollen verhindern, dass sich die Geister zwischen die Braut und ihre neue Familie drängen? Dann stellen Sie drei brennende Kerzen (am besten Teelichte in einem sicheren Gefäß) auf die Tanzfläche, um welche die Braut mit allen männlichen Verwandten des Bräutigams herumtanzen muss. Sie können das beispielsweise mit folgenden Worten tun: „Und zu guter Letzt möchte ich dich, liebe Sandra, bitten, mit uns den Kerzentanz zu tanzen. Das Licht vertreibt der Überlieferung nach die bösen Geister und der Tanz gibt mir gleichzeitig die Gelegenheit, dich auch noch einmal ganz offiziell in unserer Familie willkommen zu heißen. Denn eine bessere Schwiegertochter hätten wir uns gar nicht wünschen können ...“ Natürlich lässt sich das heute auch auf den Bräutigam anwenden.

38. Rekorde rund um die Hochzeit

„Ihr" Brautpaar hat ein Faible für das Außergewöhnliche? Dann garnieren Sie Ihren Vortrag doch mit ein paar Informationen der Superlative.

Teurer, länger, größer: Rekordhochzeiten und Ehen

Die Hochzeit des Kronprinzen von Brunei, der am 9. September 2004 die Bürgerliche Sarah Salleh geheiratet hat, gilt als die teuerste aller Zeiten. Die Kosten für das rauschende Fest beliefen sich nach Angaben der Organisatoren auf umgerechnet 4 Millionen Euro.

Nicht die teuerste, aber wahrscheinlich die längste Hochzeit haben die britische Schauspielerin Liz Hurley und der deutsch-indische Geschäftsmann Arun Nayar gefeiert. Insgesamt 8 Tage dauerte das in England und Indien stattfindende Spektakel. Die Gesamtkosten hierfür werden von Fachleuten auf ebenfalls stattliche 1,8 Millionen Euro geschätzt.

Übrigens: Als das teuerste Hochzeitskleid der Welt gilt ein Entwurf von Helene Gainville. Das mit Diamanten bestickte und auf eine Platinschicht montierte Kleid hat einen Wert von rund 6,5 Millionen Euro. Es wurde am 23. März 1989 in Paris präsentiert.

Die öffentlichste Hochzeit feierten Prinz Charles und Lady Diana. Rund 750 Millionen Menschen in 74 Ländern verfolgten via Fernsehen live die Trauungszeremonie in der St. Paul's Cathedral in London.

Die größte Hochzeit fand 1995 in Seoul statt. Im Olympiastadion heiratete die Rekordzahl von 35.000 Paaren. Weitere 350.000 heiratswillige Paare aus aller Welt waren dabei über Satellit zugeschaltet.

Die längste Ehe: Sir Temulji Bhicaji Nariman und Lady Nariman aus Indien waren 86 Jahre lang verheiratet. Ihre Ehe begann 1853, als sie gerade einmal fünf Jahre alt waren, und dauerte bis zum Tod von Sir Temulji 1940. Das Guinessbuch der Rekorde führt die Ehe von Percy und Florence Arrowsmith als die längste der Welt. Sie feierten am 1. Juni 2005 ihren 80. Hochzeitstag. Die längste Verlobungszeit dauerte übrigens 67 Jahre: Octavio Guillen und Adriana Martinez aus Mexiko heirateten schließlich im hohen Alter von 82 Jahren.

Auf die meisten Eheschließungen in Ländern mit Einehe brachte es der Baptistengeistliche Glynn Scotty Wolfe. Er heiratete im Laufe seines Lebens 29-mal!

Besonders jung – besonders alt: rekordverdächtige Brautleute

Das jüngste Brautpaar war insgesamt gerade einmal 14 Monate alt. 1986 wurde in einem Dorf in Bangladesch ein 11 Monate alter Junge mit einem 3 Monate alten Mädchen vermählt, um eine jahrelange Familienfehde zu beenden.

Die älteste Braut, die Australierin Minnie Munro, war 102 Jahre alt, als sie mit ihrem 83-jährigen Bräutigam den Bund fürs Leben schloss.

Der älteste Bräutigam war sogar noch ein Jahr älter. Der 103-jährige Amerikaner Harry Stevens heiratete am 31. Mai 1999 die 84-jährige Thelma Lucas.

Beispiel

„Und so wünsche ich euch von Herzen, dass euch das Eheleben ebenso gut gefällt wie offensichtlich Richard und Carol Roble aus den USA, die ihren Liebesschwur insgesamt 54-mal wiederholten – jedes Mal an einem anderen Ort und in einem anderen Bundesstaat."

39. Tierisch verliebt

Nicht nur Schwäne können ein ganzes Leben mit ein und demselben Partner verbringen – auch viele Tiere, von denen man es nicht vermutet, sind einander auf eine für uns romantisch anmutende Art treu.

Wild, aber treu

Einige Papageienarten, Adler, Dohlen, Raben, Tauben und Gänse, aber auch andere Tiere binden sich langfristig. Wie Schwäne bleiben zum Beispiel Störche in der Regel über viele Jahre hinweg mit einem Partner zusammen. Pinguine sind ebenfalls treu und bleiben über lange Zeit – einige Arten sogar lebenslang – ein Paar. Auch in puncto Gleichberechtigung und unkonventionelle Rollenverteilung sind die Pinguine interessant: Bei einigen Arten brüten die Männchen die Eier in ihrer Bauchfalte aus.

Bei den Nagern bestehen unter anderen die wilden Chinchillas den „Treuetest“: Sie leben als Pärchen in großen Gruppen mit über hundert Tieren. Auch Biber sind monogam. Das Elternpaar lebt mit ein bis zwei Generationen von Jungtieren in einem gemeinsamen Revier.

Bei den Affen sind die Gibbons – kleine Menschenaffen – dafür bekannt, dass sie eine Paarbeziehung eingehen und in Kleinfamilien leben.

Die sanfte Seite wilder Tiere

Wölfe und Füchse – solch wilden Tieren traut man vielleicht kein romantisches Liebesleben zu, aber weit gefehlt: Füchse leben normalerweise in Einehe zusammen. Wenn irgend möglich, ziehen beide Elternteile ihren Nachwuchs gemeinsam groß.

Und auch bei den Wölfen sieht es ähnlich aus: Das in Freiheit lebende Wolfsrudel besteht aus einem Elternpaar und deren Nachkommen – es ist also eine Familie. Mit Erreichen der Geschlechtsreife wandern die Jungwölfe in der Regel aus dem elterlichen Territorium ab und suchen ein eigenes Revier. Kämpfe um die Rangordnung im Rudel gibt es nicht: Das Elternpaar hat die unangefochtene Vorherrschaft.

Romantische Nachrichten aus dem Meer

In Einehe leben auch Buntbarsche und Falterfische – letztere schlafen sogar nah beieinander, sozusagen Flosse an Flosse. Und auch Seepferdchen sind sich treu und tauschen täglich Zärtlichkeiten aus. Seepferdchen leben paarweise und besetzen gemeinsam ein Revier. Hier bleiben sie ein Leben lang zusammen.

Besonders anrührend: Jeden Morgen gibt es bei „Seepferdchens" ein Begrüßungsritual. Meist schwimmt das Weibchen zum Männchen und fordert es zum Tanz auf. Es greift mit dem Schwanz das Pflanzenteil, an dem sich das Männchen festhält, und gemeinsam drehen sie sich um die Pflanze herum. Dann gehen beide einzeln auf Nahrungssuche.

Tipp

Vielleicht hat „Ihr" Brautpaar ein gemeinsames Lieblingstier – oder Sie wissen, dass es ein schönes Erlebnis im Zusammenhang mit einer der hier genannten Tierarten gibt? Dann könnten Sie darauf auf eine nette Art in Ihrer Rede Bezug nehmen. Und selbst wenn kein solcher Zusammenhang besteht: Auf das Bild eines schönen Schwanenpaares oder das rührende Morgenritual der Seepferdchen zu verweisen, kommt sicher gut an und trägt auf eine angenehme Art zur guten Stimmung bei.

40. Die schönsten Toasts und Trinksprüche I

Ein beliebter Ausklang für eine Hochzeitsrede ist der Toast, bei dem alle Anwesenden ihre Gläser erheben und auf das Brautpaar anstoßen. Dazu können Sie entweder eines der nachfolgenden Beispiele verwenden oder selbst einen Toast formulieren.

Die Rede mit einem Toast beenden

Eine Möglichkeit ist, Ihre guten Wünsche mit einer Aufforderung an die übrigen Gäste zu verbinden. Typische Formulierungen hierfür sind:

- Auf das Wohl des Brautpaars! Wir wünschen euch …
- Wollen wir/lasst uns nun die Gläser erheben und auf die Zukunft/die Liebe/das Glück … von … trinken …
- Auf dass ihr immer so glücklich seid wie heute/in ewiger Liebe verbunden bleibt/eure Liebe niemals enden wird/euch nichts und niemand auseinanderbringen kann/all eure Wünsche in Erfüllung gehen mögen …
- Lasst uns auf … anstoßen.
- Auf euch, liebe …, lieber …

Eine andere Variante ist ein gereimter Trinkspruch. Einen kleinen Fundus, aus dem Sie schöpfen können, finden Sie hier. Sie können den Toast auch noch um Ihre ganz individuellen Glückwünschen (→ 42. Gelungene Glückwünsche) ergänzen.

Ein Toast auf das Brautpaar!

Gott Amor, der hat zugeschlagen,
drum wollen zwei die Ehe wagen.

Der Ring verbindet jetzt die beiden;
Ein schmuckes Paar – sehr zu beneiden!
Wir wünschen euch an allen Tagen
Viel Sonnenschein und Wohlbehagen!
Der Schluck vom Glas soll nun begießen,
dass eurer Träume Blüten sprießen!
Volkstümlich

Ihr seid nun eins, ihr beide,
und wir sind mit euch eins.
Trinkt auf der Freude Dauer
ein Glas des guten Weins!

Und bleibt zu allen Zeiten
einander zugekehrt,
durch Streit und Zwietracht werde
nie euer Bund gestört.
Johann Wolfgang von Goethe, deutscher Dichter
(1749– 1832)

Der Hochzeitstag, ich mach' es kurz,
gleicht einem frisch gewagten Sturz
ins Lebensabenteuer.
Ich wünsch, dass eurer Liebe Kraft
mit Leichtigkeit das Wagnis schafft
– und jugendlichem Feuer!
Unbekannt

Tipp

Wenn Sie Ihre Rede mit einem Toast abschließen wollen, planen Sie vorsichtshalber noch ein Alternativ-Ende. So können Sie etwas variieren, wenn bereits mehrere Redner vor Ihnen die gleiche Idee gehabt haben.

41. Die schönsten Toasts und Trinksprüche II

Ein feines Fest ist arrangiert,
das euren Ehrentag garniert.
Es gratuliert der Gästekreis,
der euch sehr hoch zu schätzen weiß.
Der auf euch jetzt die Gläser leert.
Ein Prost! Ein Hoch! Wie sich's gehört!
Dem Hochzeitspaar auf allen Wegen
Wünschen wir gern viel Glück und Segen!
Volkstümlich

Und hier besiegeln diese zwei
Sich dauerhaft Lieb und Treu.
Hoch ist der Liebe süßer Traum
Erhaben über Zeit und Raum.
Wilhelm Busch, deutscher Humorist (1832–1908)

Das ist der Liebe heil'ger Strahl,
der in der Seele schläft und trifft und zündet,
wenn sich Verwandtes zum Verwandtem findet,
da ist kein Widerstand und keine Wahl,
es löst der Mensch nicht, was der Himmel bindet.
Friedrich Schiller, deutscher Dichter (1759–1805)

Der holden Braut zu Ehren
Ein volles Glas zu leeren
Wird niemand mir verwehren
Auch stimmen alle fröhlich ein:
Die schöne Braut soll glücklich sein!
Volkstümlich

Um Gehör für meinen Spruch
Möchte ich höflich bitten;
Gehen Scherben mal zu Bruch,
sind sie nicht zu kitten.
Doch hat sich, ich sags vergnügt,
mancherlei auch festgefügt.
Fest gefügt sein, nie entzwei
Gehen soll der Bund,
der geschlossen heut in Treu,
ewig halten und stets gesegnet soll er sein.
Stimmt in meinen Ruf mit ein:
Das Brautpaar lebe hoch!
Volkstümlich

Dass die Liebe stets regiert,
die zusammen euch geführt,
dass ihr immer lieb und trau
und euch gern habt stets aufs neu,
wünsch ich euch, dazu viel Glück.
Denkt an diesen Tag zurück.
Volkstümlich

Tipp

Ein passender Trinkspruch oder Toast ist nicht selten Retter in der Not, wenn man Sie überraschend zu einer Spontanrede auffordert. Legen Sie sich also sicherheitshalber einen solchen Spruch zurecht. Dann müssen Sie sich nicht lange zieren, wenn man Sie bittet ein paar Worte zu sprechen, sondern können mit einem „Gern!“ souverän Ihre Bereitschaft kundtun. So machen Sie auch als ungeübter Redner einen sicheren Eindruck.

42. Gelungene Glückwünsche

Die Gratulation, verbunden mit guten Wünschen für die Zukunft, gehört einfach zu jeder Rede dazu. Dabei gilt: Je besser Sie das Brautpaar kennen und je weniger förmlich die Feier, desto persönlicher und origineller dürfen und sollten Ihre Glückwünsche ausfallen.

Glückwünsche, die von Herzen kommen

Bleiben Sie auch bei Ihren Wünschen für das frischvermählte Paar möglichst authentisch (→ 3. Das Herzstück Ihrer Rede). Am besten lassen Sie sich dabei einfach von Ihren Gefühlen leiten. Falls Ihnen das doch ein paar Schwierigkeiten bereitet, hier eine kleine Formulierungshilfe:

- Wünschen Sie: alles (erdenklich) Gute, von (ganzem) Herzen alles Gute, alles Liebe und Gute, die besten/allerbesten Wünsche/das Allerbeste, viel Glück, immerwährendes Glück, alles Glück der Welt, viel Freude, dass die Liebe ewig währen (nie enden) möge, eine glückliche (rosige) Zukunft, die Erfüllung aller Träume …
- Gratulieren Sie: (ganz) herzlich, von (ganzem) Herzen …

Gereimte Glückwünsche

Genau wie der Volksmund zahlreiche gereimte Trinksprüche kennt, gibt es auch diverse Glückwünsche in Reimform. Vielleicht versuchen Sie sich aber auch als Hobbypoet und verleihen Ihren Worten so eine ganz persönliche Note. Sie wissen ja: Was sich reimt, ist gut …

Eure Liebe soll vor allen Dingen
stetig euch einander näher bringen.

Niemals lasse euch das Glück im Stich.
Jeder wünscht euch das; vor allem ich!
Unbekannt

Nun schmiedet eigenhändig
das Eheglück – zu zweit.
Mein Wunsch: Es sei beständig
und haltbar allezeit.
Unbekannt

Viel Schönes soll euch die Zukunft bringen:
Liebe und Glück vor allen Dingen.
Wir wünschen euch beiden, kurz gesprochen,
lebenslänglich Flitterwochen.
Zwei Menschen sind erst dann zufrieden,
wenn sie gemeinsam Pläne schmieden:
Mög' alles Planen wohl gelingen
und lauter Glück und Freude bringen.
Unbekannt

Es sei in einem langen Leben
das junge Paar von Glück umgeben.
Was immer in der Welt geschehe:
Stets liebevoll sei eure Ehe!
Friedrich Morgenroth, deutscher Dichter (1838–1923)

Beispiel

Ihre persönlichen Glückwünsche lassen sich auch hervorragend mit einem passenden Zitat kombinieren: „Bei der amerikanischen Schriftstellerin Anne Morrow Lindbergh heißt es: Die Ehe ist die interessanteste, schwerste und wichtigste Aufgabe im Leben. Dabei wünsche ich euch, liebes Brautpaar, viel Kraft, Geduld und alles Glück der Welt."

43. Ehejubiläen

Mit der folgenden Aufstellung der Ehejubiläen kann sich das Brautpaar den Termin der nächsten Feier schon einmal vormerken. Hier die gebräuchlichsten Bezeichnungen:

Trauung: Grüne Hochzeit
Nach 1 Jahr: Papier-Hochzeit
Nach 2 Jahren: Baumwoll-Hochzeit
Nach 3 Jahren: Leder-Hochzeit
Nach 4 Jahren: Seiden-Hochzeit
Nach 5 Jahren: Hölzerne Hochzeit
Nach 7 Jahren: Kupferne Hochzeit
Nach 8 Jahren: Blecherne Hochzeit
Nach 9 Jahren: Keramik-Hochzeit
Nach 10 Jahren: Rosen-Hochzeit
Nach 11 Jahren: Stahl-Hochzeit
Nach 12,5 Jahren: Nickel-Hochzeit
Nach 13 Jahren: Veilchen-Hochzeit
Nach 14 Jahren: Elfenbein-Hochzeit
Nach 15 Jahren: Gläserne Hochzeit
Nach 20 Jahren: Porzellan-Hochzeit
Nach 25 Jahren: Silberhochzeit
Nach 30 Jahren: Perlenhochzeit
Nach 35 Jahren: Leinwand-Hochzeit
Nach 40 Jahren: Rubinhochzeit
Nach 50 Jahren: Goldene Hochzeit
Nach 60 Jahren: Diamantene Hochzeit
Nach 65 Jahren: Eiserne Hochzeit
Nach 67,5 Jahren: Steinerne Hochzeit
Nach 70 Jahren: Gnadenhochzeit
Nach 75 Jahren: Kronjuwelenhochzeit

Anmerkung

Hier finden Sie die gebräuchlichsten Bezeichnungen. Diese können je nach Region auch abweichen – gerade in den ersten 10 Ehejahren. So heißt die Papierhochzeit mancherorts auch Baumwollhochzeit, die Seidenhochzeit auch Bernstein-, Leinen- oder Wachshochzeit, die Zinnhochzeit vor allem in Österreich auch Zuckerhochzeit, die Kupferhochzeit auch Messinghochzeit, die Blechhochzeit auch Klatschmohn-, Nickel- oder Steinguthochzeit. Die Keramikhochzeit schließlich wird oft auch Fayence-, Glas-, Wasser- oder Weidenhochzeit genannt.

44. Bücher, die weiterhelfen

Adam, Birgit: Hochzeitsbräuche. Traditionelle Formen und neue Varianten. Heyne Verlag, München
Eine informative Sammlung von Bräuchen rund um Verlobung, Polterabend und die Hochzeit, die den Frischvermählten ewiges Glück und den Gästen jede Menge Spaß bringen.

Albrecht, Peter: Zitate und Sprichwörter. Edition XXL, Reichelsheim
Schön gestaltete Sammlung von Zitaten und Sprichwörtern, die zum Schmunzeln und Nachdenken anregen.

Ippen, Dirk (Hrsg.): Jeder Atemzug für dich. Die 100 beliebtesten deutschen Liebesgedichte. Verlag C. H. Beck, München
Der Herausgeber hat in diesem Werk die Gedichte zusammengetragen, die in den Lyriksammlungen der letzen 50 Jahre am häufigsten abgedruckt wurden.

Joosten, Yvonne: Die schönsten Sprüche und Zitate für Hochzeit und Hochzeitstage. Humboldt Verlag, Baden-Baden
Eine Auswahl kluger und witziger Aussprüche berühmter Schauspieler, Philosophen, Politiker und Dichter zu den Themen Hochzeit, Liebe, Ehe, Glück und Familie.

Kenklies, Michaela: Die schönsten Liebesgedichte. Piper Verlag, München
Dieses Buch enthält deutsche Liebesgedichte vom Mittelalter bis heute – so facettenreich wie die Liebe selbst.

Kobschätzky, Andreas: Zitate. Für jeden Anlass. Von klassisch bis frech. Gräfe und Unzer Verlag, München.
Eine Zitatensammlung von klassisch bis modern, die nach

Themen sortiert ist. Mit Merkhilfe fürs Auswendiglernen und Tipps für den gekonnten Finsatz.

Kordt, Peter: Ich seh dir in die Augen, Kleines. Das große Buch der Filmzitate. Schwarzkopf & Schwarzkopf Verlag, Berlin
900 Seiten gefüllt mit über 11.000 Zitaten aus mehr als 2.000 Filmen. Das Spektrum reicht dabei vom ersten Tonfilm bis zum Beginn des neuen Jahrtausends, vom Western bis zur romantischen Komödie.

Lunkewitz, Bernd F.: Ich liebe dich. Die hundert schönsten Liebesgedichte. Aufbau-Verlag, Berlin
In diesem Gedichtband hat der Autor Liebesgedichte aus allen Epochen und für alle Stimmungslagen versammelt – vom anonymen mittelalterlichen Gedicht bis zur Gegenwartslyrik.

Milstein Werner: Trausprüche. Ausgewählt und erklärt. Agentur des Rauhen Hauses Hamburg, Hamburg
Diese Broschüre enthält zahlreiche, nach Thema sortierte Trausprüche, die ausführlich und auch für weniger bibelfeste Leser verständlich erklärt werden.

Proff, Verena: Hochzeit – Reden und Glückwünsche. So fassen Sie Ihre Freude in Worte. Gräfe und Unzer Verlag, München
Hier finden Sie neben vielen Anregungen und Tipps für den Aufbau und die Gestaltung Ihrer Ansprache auch zahlreiche Musterreden und Textbausteine.

Proff, Verena: Unser Hochzeits-Planer. Der Countdown zum Glück. Gräfe und Unzer Verlag, München
Dieses Buch hilft bei der perfekten Planung und Vorbereitung. Nach Wochen und Monaten aufgebaut, zeigt das Buch Schritt für Schritt, was wann zu bedenken und zu erledigen ist.

Ridge, Alan/Dunton-Downer, Leslie: Oper. Dorling Kindersley Verlag, München

Hier findet der Leser neben der internationalen Operngeschichte mit allen wichtigen Komponisten und Werken auch Informationen zu berühmten Opernhäusern und Festspielen sowie großen Bühnenstars. Opulent bebildert und leserfreundlich aufbereitet.

Scheffler, Axel: Sprichwörter aus aller Welt. Gerstenberg Verlag, Hildesheim
In diesem liebevoll illustrierten Buch finden sich neben ganz bekannten alltäglichen Sprichwörtern auch viele unbekannte und bizarre Weisheiten aus aller Welt.

Schönfeld, Gräfin Sybil: Die schönsten Hochzeitsbräuche. 1000 Ideen für Ihren großen Tag.
In diesem bebilderten Buch stellt die Autorin zahlreiche Traditionen, Glückssymbole und Zeremonien rund um die Hochzeit vor und erklärt deren Ursprung und Sinn.

Siems, Marion (Hrsg): Reclams neuer Schauspielführer. Reclam, Stuttgart
Dieser Band enthält Inhaltsangaben von über 600 Stücken sowie Biographien und theatergeschichtliche Einordnungen von rund 300 Dramatikern aus allen Epochen.

Spies, Stefan: Authentische Körpersprache. Ihr souveräner Auftritt im Beruf – Erfolgsstrategien eines Regisseurs. Hoffmann und Campe Verlag, Hamburg
Zwar ist es auf berufliche Situationen ausgerichtet, dennoch sei dieses Werk allen ans Herz gelegt, die sich näher mit dem Thema Körpersprache befassen möchten.

Toma, Hildegard: Heiraten. Schritt für Schritt planen. Traumhaft feiern. Gräfe und Unzer Verlag, München
Der GU-Kompass enthält die wichtigsten Informationen, um eine Hochzeit zu planen, außerdem zahlreiche praktische Tipps und viel Wissenswertes rund um das Thema.

45. Internetadressen, die weiterhelfen

Zitate und Sprüche

www.aphorismen.de
Mehrfach ausgezeichnete Internetseite mit über 100.000 Zitaten zu diversen Themen, die Sie kostenlos abrufen können. Eine Suche nach Autor, Inhalt oder einem bestimmten Suchbegriff ist möglich. Hier finden Sie zudem auch Gedichte und Bauernegeln.

www.glettkau.de
Datenbank, die rund 4.000 Zitate und Aphorismen enthält. Zusätzlich kann ein kostenloser E-Mail-Newsletter abonniert werden.

www.quoteland.com
Für alle Fans von englischsprachigen Zitaten ...

www.wikiquote.de
Freies Kompendium von Zitaten in zahlreichen Sprachen.

www.zitate.de
Kostenfreie Website mit speziell für Reden recherchierten Zitaten und Aussprüchen.

www.zitate.at
Umfangreiche Datenbank mit 200.000 (auch fremdsprachigen) Zitaten, Sprüchen und Aphorismen. Die wahrscheinlich umfangreichste und professionellste Zitatensammlung im Internet mit zahlreichen Suchfunktionen. Um diese jedoch uneingeschränkt nutzen und eine unbegrenzte Anzahl Zitate abrufen zu können, müssen Sie ein Abo erwerben.

Hochzeitsreden, Spiele und Bräuche

www.abc-der-hochzeit.de
www.abenteuer-hochzeit.de
www.braut.de
www.hochzeit-premium.de
www.hochzeitsplanung.de
www.hochzeitsportal.de
www.hochzeitsspruechc.com
www.hochzeitstreff.de
www.weddix.de

Diese Internetadressen bieten neben zahlreichen anderen Informationen rund um das Thema Hochzeit auch Anregungen für Reden und Spiele sowie Erläuterungen zu Bräuchen und Traditionen. Zudem finden Sie hier diverse Sprüche, Gedichte und Zitate.

Sonstiges

www.i-songtexte.com
www.lyrix.at
www.songtext.net
www.songtext4free.de
www.songtexte.tv

Hier finden Sie die Texte zu den meisten der erwähnten Liebeslieder.

www.skylaternen.com
www.luftballonwelt.de

Hier erhalten Sie nähere Produktinformationen und können auch gleich online bestellen.

Hinweis

Die Beiträge in diesem Buch sind sorgfältig recherchiert und entsprechen dem aktuellen Stand.
Abweichungen, beispielsweise durch seit Drucklegung geänderte Preise, Gebühren, Anlageentwicklungen, Internetadressen etc. sind nicht auszuschließen.
Weder Autor noch Verlag können für eventuelle Nachteile oder Schäden, die aus den im Buch gegebenen praktischen Hinweisen resultieren, eine Haftung übernehmen.
Die hin und wieder erscheinende männliche Form ist, wenn nicht anders präzisiert, als geschlechtsneutraler Kollektivbegriff für Frauen und Männer gemeint.

GRÄFE UND UNZER VERLAG, Redaktion Leben & Lernen
Grillparzerstr. 12, 81675 München

Programmleitung: Christof Klocker
Leitende Redaktion: Anita Zellner
Redaktion und Lektorat: Ina Raki
Korrektorat: Barbara Kohl

Titelillustration: Wai/Die Illustratoren, corinna hein
Umschlaggestaltung und Layout: independent Medien-Design
Herstellung: Renate Hutt
Satz: Filmsatz Schröter, München
Repro: Penta Repro, München
Druck und Bindung: Druckerei Auer, Donauwörth

ISBN 978-3-8338-0918-7

1. Auflage 2008

GRÄFE UND UNZER

Ein Unternehmen der
GANSKE VERLAGSGRUPPE